奥妙科普系列丛书

DISCOVERY

U0670130

让青少年着迷
的科普书
彩图珍藏版

最伟大的
文明奇迹

杨春◎编著

吉林出版集团股份有限公司 · 全国百佳图书出版单位

图书在版编目 (CIP) 数据

最伟大的文明奇迹 / 杨春编著 . -- 长春：吉林出版
集团股份有限公司，2013.12
　（奥妙科普系列丛书）
　ISBN 978-7-5534-3928-0

　Ⅰ . ①最… Ⅱ . ①杨… Ⅲ . ①名胜古迹－世界－青年
读物②名胜古迹－世界－少年读物 Ⅳ . ① K917-49
　中国版本图书馆 CIP 数据核字 (2013) 第 317266 号

ZUI WEIDA DE WENMING QIJI

最伟大的文明奇迹

编　　著：	杨　春
出 版 人：	齐　郁
选题策划：	朱万军
责任编辑：	孙　婷
封面设计：	晴晨工作室
版式设计：	晴晨工作室
出　　版：	吉林出版集团股份有限公司
发　　行：	吉林出版集团青少年书刊发行有限公司
地　　址：	长春市福祉大路 5788 号
邮政编码：	130021
电　　话：	0431-81629800
印　　刷：	三河市嵩川印刷有限公司
版　　次：	2014 年 3 月第 1 版　2021 年 1 月第 4 次印刷
开　　本：	710mm×1000mm　1/16
印　　张：	12
字　　数：	176 千字
书　　号：	ISBN 978-7-5534-3928-0
定　　价：	39.80 元

前言

Foreword

人类的文明史，开始于文字的发明与使用、城市（人群聚集）的出现和国家制度的建立。在时间上看，也不过七八千年，而这几千年的岁月只占人类史的百分之一而已。

但是，它留下了无数的文明奇迹，比如说埃及的金字塔、古罗马的竞技场、中国的长城……一座座古城、一尊尊雕像、一间间教堂……这些文明的足迹，虽然历经了千年岁月的风霜洗礼，却依然绽放着光辉。到了现代，文明更是高度发展，比如说航天科技、基因工程、核电等，人类的文明史更是向前进入了网络化、信息化时代，在地球各个地方都可互通有无，宇宙旅行在人类眼中也不是那么遥不可及。

祖先留给我们的那些伟大的文明奇迹，是祖先智慧的创造，是人类辉煌的故事，更是永垂不朽的传奇。那么，它是如何传承和延续下来的呢？

本书篇篇包含精彩的文字，章章都有精美的图片，阅读下去，将带给你身临其境的视觉感受与心灵震撼。探索人类文明的起源、追寻文明的奇迹，不仅是对历史的尊重，也是对人类自身的一种关注。

目录

第三章　伟大的欧洲文明

第四章　神秘的美洲文明

目录

第五章　迷人的现代文明

第一章
悠久的非洲文明

　　一说起"非洲"，我们立刻就能想到《人与自然》和《动物世界》等节目里介绍的成群结对的动物在美丽的大草原上驰骋，还有行走在广阔的撒哈拉沙漠上的骆驼，各种各样的动物在这里繁衍生息……除了这些美丽的大自然景观外，我们还可以看见雄伟的金字塔、狮身人面像等世界古代奇迹。

Part.01 第一章

非洲文明概况

非洲有一条著名的大河——尼罗河，这里孕育着生命和文明。埃及便是"尼罗河的赠礼"，它是尼罗河流域里一颗璀璨的明珠，也是世界四大文明古国之一。

非洲的古代文明

早在公元前 5000 年，古埃及就出现了农业，古埃及的人们懂得并掌握了栽培谷物、饲养动物、兴修水利、灌溉农田等技术。在天文学方面，他们发现了年时的规律，在公元前 4241 年，埃及人制定了一部相当精确的天文历法——太阳历，这也是人类最早的历法。它把 365

❖ 狮身人面像

❖ 尼罗河

天规定为一年，一年分为三季，一季四个月，每个月 30 天，最后一个月再加
5 天，作为宗教节假日。这样精准的历法使得每年和回归年的误差仅约四分
之一天。在文学方面，古埃及人创造了象形文字，流传着许多神话故事。在
数学方面，古埃及人懂得计算正方形的边长和截头角锥体的体积，近乎精确
地确定圆周率为 3.16。他们在雕刻、建筑和绘画等艺术方面也是成绩斐然，
例如至今仍然屹立在尼罗河畔的金字塔和狮身人面像，它们不仅是古埃及劳
动人民卓越智慧和辛勤劳动的不朽杰作，也是人类建筑史上的奇迹。最重要
的是古埃及人创造了楔形文字，为文明的传播创造了必要的条件。

　　沿着尼罗河往南走，过了埃及就是苏丹，这里曾在公元前 16 世纪出现了
一个库施帝国，它的首都是麦罗埃。库施帝国是一个农业、炼铁业和纺织业
十分发达的国家，是那个时期世界上最富庶繁荣的国家之一。麦罗埃是地中
海以南最大的炼铁中心，它被一些西方学者称为"古代非洲的伯明翰"。

　　继续往尼罗河上游走，我们会来到埃塞俄比亚，这里曾经是古代非洲文
明的重要中心。公元 1 世纪前后，在这里建立了阿克苏姆王国，它在公元 4

世纪时达到高度繁荣，已经能够使用金、银、铜币来购买商品，文字也保留至今，仍在使用，这里还有闻名世界的非洲历史奇迹——高达 18.288 米的阿克苏姆大石碑和拉利贝拉岩石教堂。

尼罗河在非洲的东北部，靠近红海，而在它的西边是世界上最大的沙漠——撒哈拉沙漠。在撒哈拉沙漠以北的马格里布，在远古时代，就已经居住着柏柏尔人，他们已经懂得农耕技术，并在公元前 500 年左右已有铜器制作。他们曾经建立了毛里塔尼亚和努米底亚两个王国，并遗留下大批岩画艺术品。

非洲的农业文明

撒哈拉以南的地区在公元前 2000 年左右，就已经出现了农业，居民从狩猎、采集野生植物发展到驯养动物和培植农作物，世界上有 250 多种农作物都是起源于非洲撒哈拉以南地区。

其中西非是大部分非洲农业的发源地。这里生产的农作物有高粱、油棕等。在撒哈拉沙漠的一些雕像和洞穴壁画里，都有西非地区的人们农业生产和生活的场景，人们还会制造精美的赤陶雕塑品。在公元前 3 世纪左右，西非进入铁器时代后，还先后出现过加纳、马里、桑海等比较强大的古代帝国。

在非洲中部和南部，随处可以看见古时梯田和灌溉工程的遗址。如拥有数千幢房

❖ 尼罗河河畔的农田

知识小链接

非洲：非洲位于地球东半球西部，地中海以南，大西洋以东，亚洲以西，地跨赤道南北，面积为3000多万平方千米，约占全球陆地总面积的20.4%，是世界面积第二大洲。人口有10亿多，约占全球的15%，同时也是人口第二大洲。非洲是世界古人类和古文明的发祥地之一，迄今为止，发现的世界上最古老的人类化石就是在非洲。非洲北部的尼罗河流域是世界文明发源地之一。

屋的恩加鲁卡古城遗址，建于11—16世纪的大津巴布韦石头建筑物遗址，它们都是非洲中部和南部古代文明的标志。这一地区也先后出现过一些著名的国家，比如说莫诺莫塔帕王国、刚果王国、库巴王国和布干达王国等。

在非洲东海岸，自古以来贸易就很发达。早在纪元前就进行铁和盐的交易；15世纪上半期，已有国家派使者远渡重洋到中国访问。

总而言之，非洲不仅仅是"狮子出没的地方"，更是在远古时代就有高度文明发展的大陆，现在依旧在文明的进程中前进。

❖ 卢克索神庙

胡夫金字塔之谜

古埃及是世界上历史最悠久的文明古国之一，金字塔是古埃及文明的代表作。

其中世界上最大的也是最高的埃及金字塔是胡夫金字塔，它是古埃及第四王朝的法老胡夫的陵墓，是古代世界七大奇迹之一，也是唯一的幸存者。同时，它也是世界上规模最大的单一古代建筑物体。

胡夫金字塔位于埃及开罗郊区吉萨，建于公元前 2690 年左右，原本的高度是 146.59 米，历经千百年的风吹雨打，现高 136.5 米；底座边长为 230.37 米，体积约 260 万立方米；塔身由 230 万块左右的石灰岩建造，每块石头均重 2.5 吨，总重量近 684 万吨。

胡夫金字塔的结构

这座金字塔建造在一块巨大的凸形岩石上，它有四个面，正对着东南西北四个方向。每个面上都覆盖着一层光滑的石灰石，胡夫金字塔的入

❖ 胡夫金字塔

口就在北面的石灰石的表层下面，从外表是看不出来的。

从入口进去，有一条呈 26° 角倾斜的下坡通道，走过一段路，会遇到一条向上呈 26° 的上坡通道。上坡通道是先窄后宽，宽

◆ 胡夫金字塔

的地方连接通道顶端，是一个"大甬道"，同样是以 26° 角倾斜上升。大甬道的长度是 46.6 米，地板宽度约 2 米，墙壁高度约 2.3 米，墙壁是用巨型磨光石灰岩板相连接而成的。大甬道最后的部分是七层石块，每层石块都向内伸出 7.6 厘米，直到顶部密合在一起，高度达到 8.5 米。这条大甬道的尽头是法老的墓室，进入墓室的入口只有约 1 米高，在距离入口不到 1.2 米的地方有一间"前堂"，它的高度约 3.7 米，长约 3 米。这间前堂内有四条纵向渠道，其中三条凹到地面，而第四条渠道只挖到了入口屋顶的高度。第四条渠道的凹槽内还嵌有一块 1.8 米高、2.7 米厚的巨型玄武岩石板，石板把入口的部分挡住了，仅留下 6.4 米的空间。法老墓室中，仅有一具红色花岗岩质地的石棺，据学者推测，胡夫的尸体曾在这里存放过。

在这条大甬道的底端有一条水平的通道，长约 38.7 米，高约为 1.1 米，通向南方的"王后墓室"，王后墓室在金字塔发掘以来便空无一物，这个石室的建造目的是什么，一直以来是个谜团。一开始，一些金字塔的研究者认为，王后密室的作用是用来安葬胡夫的王后的。后来经过进一步的发掘和论证，普遍认为建造这座密室是用来埋藏一尊象征胡夫"灵体"的雕像。

下坡通道通达金字塔底部石室，约 106.7 米长，这座石室位于金字塔的正下方 182.9 米。此外还有通风井从法老和王后的密室向外延伸，每个通风

井有 22 厘米宽、20 厘米高。其中与法老密室连接的通风井一直打通到金字塔外。

金字塔的未解之谜

这些奇特的建造结构和用途都使得现代人苦思冥想也不得其解。我们可以从三个方面概括胡夫金字塔的未解之谜。

第一，数字之谜。

胡夫金字塔里暗藏着各种神奇的数字，甚至包含着人类的全部历史和未来。这在古代是无法想象的。例如：

金字塔的总重量 ×1015 ＝地球的重量；

金字塔的高度 ×10 亿＝地球到太阳的距离 (1.5 亿千米)；

金字塔塔底的周长 ÷（塔高 ×2）＝圆周率（ π ＝ 3.14159)；

金字塔底面中央的纵平分线位于地球的子午线上，这条子午线正好把地球的大陆和海洋平分成相等的两部分；

金字塔的塔基位于地球各大陆的引力中心；

地球两极的轴心位置每天都有变化，每经过 25 827 年，地球的两极又会回到原来的位置。很巧的是，金字塔的对角线之和，正好是 25 826.6 这个

◆ 胡夫金字塔

数字。

第二，魔力之谜。

人们在长期的探究中，发现金字塔有一种神奇的力量，它能使金字塔内的动物尸体变成木乃伊，或者食物放在里面也不易腐烂，或者刀片仍然保持锋利等。

这种奇怪的魔力在20世纪40年代被法国人布菲尔发现，他发现在金字塔形的构造物内，能够产生一种无形的、特殊的能量，因此，又被称为"金字塔能"。据推测，这种能量可能是金字塔魔力的来源。

知识小链接

金字塔：在建筑学上，金字塔指角锥体建筑物，一般的金字塔基座为正三角形或正方形，也有可能是其他的正多边形。著名的有埃及金字塔，还有玛雅金字塔、阿兹特克金字塔（太阳金字塔、月亮金字塔）等。古文明的先民们把金字塔视为有着非常重要纪念意义的建筑，比如说陵墓、祭祀地，或是寺庙。

第三，建造之谜。

在人类史上，这个最伟大最古老的建筑物到底是谁建造的呢？它的建筑技术至今还不能完全复制，在平均边长230米的底座上，金字塔四个底边互相的误差率还不到1%；现代建筑学上的一大难题"正直角技术"也被应用于金字塔的转角建构上，达到"2秒之微"的误差；金字塔所在的纬度虽不是在正北纬30°，却也非常接近，是29°58'51"等。

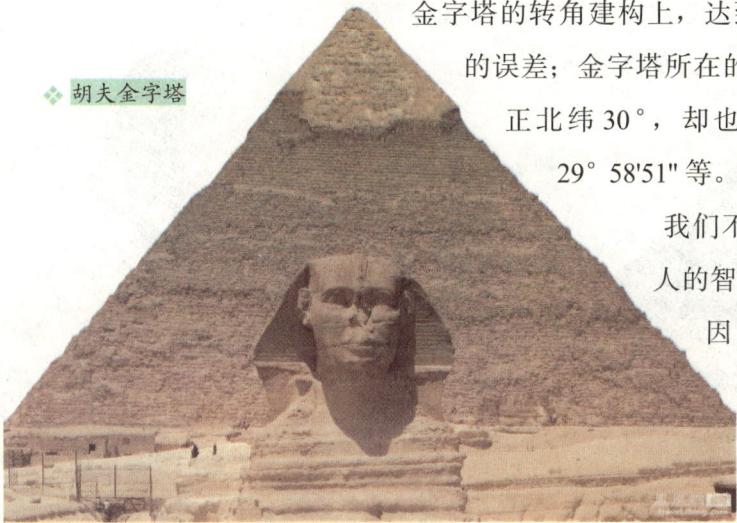

❖ 胡夫金字塔

我们不禁会想古埃及人的智慧是多么高深，因此人们纷纷猜测，有的人认为是百万奴隶的劳动成果，也有的人认为是失落文明，还有人认为是地外文明的杰作，这些都需要科学家的论证和研究，相信不久的将来会得到一个合理的解释吧。

Part.01 第一章

神秘的狮身人面像

在距离大金字塔近 400 米的地方有一座长 57 米、高 20.3 米的巨石雕像，外形是一个狮子的身躯和人的头，这就是世界闻名的狮身人面像，它的名字叫斯芬克斯。

狮身人面像的传说

"斯芬克斯"是希腊人对它的叫法，埃及人把它叫作"撒斯布"或者"那赫"，意思是"栩栩如生的形象"。在希腊神话中，斯芬克斯坐在忒拜城附近的悬崖上，经常拦住过往的路人，问他们谜语，猜不中者就会被它吃掉。这个谜语是："什么动物早晨

◆ 狮身人面像

用四条腿走路，中午用两条腿走路，晚上用三条腿走路？腿最多的时候，也正是他走路最慢、体力最弱的时候。"俄狄浦斯猜中了正确答案，谜底是"人"。斯芬克斯羞愧万分，跳崖而死（也有的传说是被俄狄浦斯所杀）。

❖ 狮身人面像

那么这座雕像到底是谁建造的呢？相传公元前1430年，有一天，埃及十八王朝王子图特摩斯在撒哈拉荒漠上打猎，当他走到这里休息的时候，隐约听到一个声音对他说："我是伟大的太阳神，我被这些沙石埋在下面，沙石使我透不过气来。如果你帮我把这些沙石清除掉，我将助你成为埃及之王。"王子醒来之后，立刻命人清理沙石，果然有一个雕像，然后筑起围墙阻挡风沙。

公元前1425年，斯芬克斯的预言成为现实，图特摩斯登上了王位。他再次命人重修石像，并且在石像的两只爪子之间雕刻一块石碑，记载他在这里遇到神的故事，并宣称他是神的化身。从此以后，斯芬克斯成为全埃及敬奉的神灵。

这块石碑在1817年被发现，碑文上刻有"KHAF"的字样，有一些翻译碑文的古文字学家认为，这个词的后面还有字母"RE"，只不过是被磨损了，意思是哈夫拉。这使得许多人相信：公元前2600年埃及第四王朝法老哈夫拉仿造自己的面貌，修建了这座狮身人面像。

但是，实际上，古埃及所有的碑文中，法老的名字都是用椭圆形图案圈起来的，而这块石碑上的文字"KHAF"周围并没有椭圆形图案，所以，这个词不可能是哈夫拉的名字。同时，另一块石碑的碑文是记载法老胡夫看见过狮身人面像。胡夫是哈夫拉的长辈，可以推测它的年代要比哈夫拉早得多。

狮身人面像的成因

1961 年，法国学者施瓦勒·卢比滋发现狮身人面像的狮身部分有明显被水侵蚀过的痕迹，著名的纽约古埃及研究专家学者约翰·威斯特经过大量的论证，也证明狮身人面像被水侵蚀过，并且是在 1 万年以前。因为 1 万年以前撒哈拉沙漠还没有形成，气候比较湿润，并且经常下雨，大洪水给当地带来了极大的破坏。此后环境开始变得异常干燥，不过，在公元前 7000 多年曾有一段时期雨水较多，然后又进入了漫长的干燥期，一直持续到今天。所以，它必然是在大洪水之前或冰河时代末期结束之前就已经存在了。

既然狮身人面像的年代比哈夫拉时代更加久远，那么它的面部也不可能是哈夫拉，那么是谁建造的呢？他的目的又是什么呢？

威斯特经过细致的观察，发现距狮身人面像 50 米远的河岸神殿用的石料和狮身人面像的石料是相同的。在神殿的一间殿堂中发现了法老哈夫拉的雕像，雕像是用绿闪石雕成的，和真人差不多大小，被放置在殿内极深的洞穴中。这座神殿的基座是正方形，整个建筑都用超过 200 吨重量的巨石砌成。它与其他古埃及神庙不同，殿里没有任何碑文和装饰。而在开罗博物馆有块"库存表石碑"，碑中的文字记载河岸神殿是"最早"前来尼罗河平原居住的"诸神"所建造的，碑文记载河岸神殿是"罗斯陶统治者、俄西里斯之家"。

❖ 狮身人面像

"罗斯陶"是吉萨都会的古名，"俄西里斯"是埃及神话中第四位神界的法老，他是植物之灵的化身，在万物成熟收割的时候死去，又在万物萌发的时候复生，因此也是复活之神。后来，他成了盖布和努特的儿子，盖布退位后，他继承了王位，成为神界的第四位法老。此外，俄西里斯还是尼罗河之神，制定法律，并教会人们雕刻神像、建造神庙、制作面包、酿造葡萄酒等。他还以自己的仁善征服了一个又一个国家，并把领土扩大到亚细亚地区。很显然，这是比古埃及王朝还要久远的创世故事。那么这些能否说明狮身人面像出现的年代甚至就在洪荒初开的时期呢？

知识小链接

斯芬克斯：斯芬克斯源于古埃及的神话，它被描述为长有翅膀的怪物或圣物，通常为雄性。当时的传说中有三种斯芬克斯——人面狮身、羊头狮身、鹰头狮身。亚述人和波斯人则把斯芬克斯描述为一只长有翅膀的公牛，长着人面、络腮胡子、戴有皇冠。在希腊神话里，斯芬克斯成了一个雌性的邪恶之物，会扼人致死，代表着神的惩罚。

这个问题很难回答。不过，天文学家法波尔等人发现，狮身人面像的位置正对着公元前 1.05 万年春分那天日出时的狮子星座的方向。根据这些被认为可靠的资料和成果，威斯特等人认为，狮身人面像可能是远古时代的另一个文明建造的，是作为狮子座时代指示春分点的标志，也是整个吉萨高原标示远古时代天象的古建筑群的一部分。但是，由于冰河期结束时的环境灾难以及尚未知晓的其他原因，这一远古文明在史前时代就已湮灭。古埃及是在公元前 3000 年左右继承了他们的一小部分文化遗产。

尽管这么多的"未解之谜"无法解决，但是古老的端坐形态及沧桑的无表情面容的狮身人面像是古埃及所有"向着永恒的方向眺望"的雕像的榜样，它的巨大形体和造型中某种超越人兽的神秘因素的存在，也使它成为古埃及雕像的纪念碑。

❖ 狮身人面像

Part.01 第一章

卢克索**神庙**之光

> 卢克索神庙是古埃及供奉太阳神阿蒙和他的妻子、儿子的神庙，它从公元前 15 世纪阿曼侯泰三世开始建造，直到公元前 4 世纪的亚历山大大帝时期才完成。

令人惊异的是，在一年之中有几天，太阳光能穿过门廊，直接把神殿的最深处照亮。在祭祀阿蒙神的文字里面有这样的一句话："我雕塑了你的伟大的雕像。"在神庙内部，它有一个威严的名字——"阿蒙与永恒之结合"，它以真宝石装饰，当地平线升起的时候，人们一眼就能看见它，就会欣喜无比。

现今的卢克索镇坐落在底比斯古城之上，距离开罗 670 多千米。在古埃及中王国和新王国时，底比斯作为都城，曾

❖ 卢克索神庙

❖ 卢克索神庙

是一座声名远播的繁华城市。希腊人对这座城市的称呼是"底比斯"，它的埃及名字叫"威斯"。古埃及的帝王在这里治理自己的国家，比如说拉美西斯二世，他大量建造神庙建筑，以供人民瞻仰。

卢克索神庙和卡纳克的阿蒙神庙一样，也是供奉众神之王阿蒙的，神庙是在阿蒙霍特普三世时期开始修建的。但是这个时期，阿蒙神的地位并不稳固，此外还有一个太阳神"瑞"，阿蒙霍特普三世去世之后，阿蒙霍特普四世恢复了对瑞神的崇拜。在此之后的 100 年间，卢克索神庙一直处于停工的状态。100 年之后，拉美西斯二世登上王位，阿蒙神又重新得到崇拜，地位也得到了巩固，神庙开始继续修建并完成。而在以后的几千年，卢克索神庙还曾被基督教徒们改建为教堂，神庙主体也被损毁，阿拉伯人曾在上面盖起一座清真寺。后来在发掘卢克索神庙的时候，政府把这座叫作奥哈贾的清真寺移到了另外的地方。

在更早的时代，古埃及王国认为人在世间的肉体只是一种过渡，人死后，灵魂能通过俄西里斯（即死神）的审判而进入瑞神永恒的光明国度。那时候，人们的精神是沉重而固执的，他们无视当今的阳光。直到中王国时期，古埃及人才开始把精神意识的重心向尘世转移，这些对生命的敬畏，也在卢克索神庙的建筑形制和雕饰中得到了体现。比如说卢克索神庙中的主神太阳神阿蒙，它以光明庇护着人们，这种变化都是和古埃及人对生命意义的理解的变化密切相关的。

在卢克索神庙的建筑上，2000 米长的斯芬克斯雕像大道就从卢克索神庙直达卡纳克神庙。在尼罗河泛滥的中期，埃及人在这里举行盛大的宗教节日，每次持续 24 天，祭司、音乐家、国王的战车和卫队、舞蹈家走在大道上，他们从卡纳克出发，来到卢克索神庙的正门前面，接受代表阿蒙神的女祭司给予众人的祝福。

在卢克索神庙的正门前，有一对高 25 米的花岗岩方尖碑，碑体上阴刻着象形文字，记载着图特摩斯三世的事迹。其中一座被法国人辗转运到了巴黎的卢浮宫。这个三角形的造型是仿造金字塔的造型雕刻的，这座以整块花岗岩雕凿而成的石碑以最直接的形式表达了纯粹的纪念碑性质。而碑体的阴刻象形文字，在阳光的照耀下，形成清晰的投影，指引着众人不断地向精神的光明天空上升。

而在神庙的不远处，孤零零地矗立着两座巨大的阿蒙霍特普三世的坐像，

❖ 卢克索神庙

它们被称为门农石像，在这座高 15 米的石像上面，有罗马皇帝哈德良的宫廷诗人等一些有名望的游客留下的字迹。阿蒙霍特普三世的神庙也是卢克索神庙中的重要建筑，它主要是由石柱构成的，有着大量的随处入眼的圆雕、深浮雕以及"凡石头就有雕刻"的浅浮雕装饰。这里最著名的是莎草造型的石柱，石柱上精雕细镂着含苞怒放的花朵，彰显着古埃及人优雅的品位和良好的修养，表示人们在众神之王阿蒙的光照下，一直紧张的灵魂得到某种缓释和松弛。

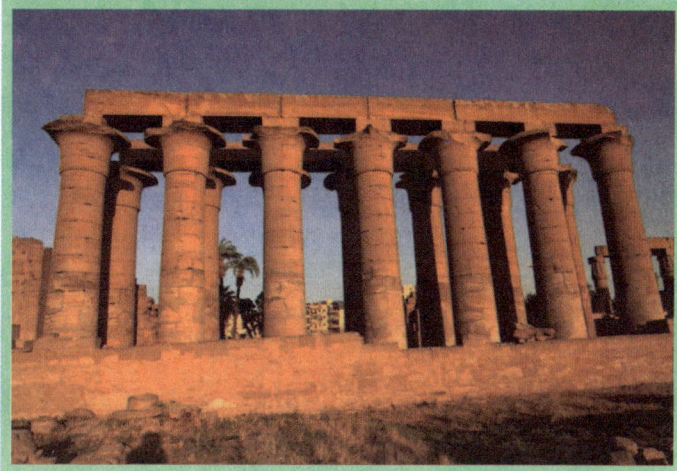

当然，中王国时期金字塔的造型凝聚成为方尖碑的形状，标志着古埃及人开始将金字塔巨大形体中的力量向外扩散。在历时 15 个世纪的漫长时间里，金字塔不断扩张或者收缩，每一次都耗散了埃及灵魂的内在力度，它们渴望阳光的抚慰。正因为如此，在拉美西斯二世的神庙庭院里，修建了巨大的阿波罗形象的雕像。在希腊文明的影响下，太阳神再次将光芒照亮古老的尼罗河畔，生命再一次焕发生机。

知识小链接

卢克索神庙：卢克索神庙是一座巨大的古埃及神庙，它坐落在尼罗河东岸的卢克索城内（古时称底比斯），建成于新王国时期。这座神庙是专门为底比斯的三神太阳神阿蒙、自然神姆特和他们的儿子月亮神孔斯建造的。每次宗教节日来临的时候，一座太阳神的雕像会从附近的卡纳克神庙游行至此，并且和自然神在这里停留一段时间，以庆祝丰收。

Part.01 第一章

帝王谷的死亡诅咒

在埃及，除了闻名世界的金字塔外，还有一处令无数旅游者向往的地方，那就是"帝王谷"。

图坦卡蒙陵墓的发现者、主持发掘者卡特曾经说过："尽管这里一片金光闪闪，到处是皇家的豪华，但什么也没有这几朵花美丽，花虽然枯萎了，但是还能分辨出颜色。这些美丽的花告诉我们，3300 年不过是像从昨天到明天一样的短暂。这些花使我们感受到大自然、感受到古埃及文化和我们的现代文化是彼此相联系的，它们彼此间有着血脉的联络。"

帝王谷与卢克索神庙、卡纳克神庙隔河相望，都位于底比斯的遗址上，

◆ 帝王谷

埋葬着新王国时期的大多数法老。在这片世界上最壮观的墓地上，这些巨大的廊柱和寺庙，依然显露着昔日的辉煌和威严气象。

公元前 16 世纪中期，法老图特摩斯一世下令在尼罗河西岸的峭壁上开凿洞室，建造一条陡峻的隧道直达墓穴。此后的 500 年里，历代法老和王室贵族也都选择了在这里筑岩穴陵墓，墓室里堆放着各种精美和昂贵的随葬品，雕像、战车、太阳船、珠宝、饰物、武器、家具、绘图等应有尽有，以保证他们在俄里西斯世界中能够继续享受生前的待遇。然而，这使得盗墓者蜂拥而至，谁有本事拿到那些财宝，谁就能成为富翁。

自从法国历史学家、语言学家商博良破译了古埃及文字，冒险家、考古学家、文物贩子都飞往埃及，帝王谷从此不再平静。1817 年 10 月，文物爱好者、意大利冒险家贝尔佐尼在山谷中发现了一批古墓，其中就有西索斯一世的陵墓。从此之后，帝王谷屡遭被盗和破坏，一切有价值的东西都被明目张胆或偷偷摸摸地

❖ 帝王谷

❖ 帝王谷壁画

弄走了。仅仅 100 年之后，帝王谷未被盗的陵墓仅仅只有图坦卡蒙的陵墓了。

帝王谷的发现

图坦卡蒙陵墓的发现者和发掘者是霍华德·卡特，支助他的是英国贵族卡那冯勋爵，卡特是一位严谨的富有考古知识并且对考古充满热情和责任心的人，在图坦卡蒙的陵墓开始发掘之前，他已在帝王谷待了很久很久。

在 1922 年 11 月 3 日这一天，卡特规划的发掘地中，只有一座古代的修建陵墓的工人留下的简易工棚处，还没有响起过鹤嘴锄的叮当声，当简易工棚被拆除之后，出现了岩石凿成的台阶，这预示着一个陵墓将被发现。

当台阶清理干净之后，人们发现了盖着封戳的墓门，封戳证明这就是图坦卡蒙的墓穴。于是，卡特给卡那冯勋爵发了电报，卡那冯勋爵以最快的速度来到了现场，和卡特一起开启图坦卡蒙墓穴的墓门。墓门被一点点地打开，首先映入眼帘的是两尊巨大的黑色雕像、几张金色的躺椅、一张包金宝座、几座形态奇异的神龛，其中一座神龛的门被打开着，露出一条金蛇……

❖ 帝王谷石像

接着他们找到了第三道墓室门和一道侧室。侧室里的物品好像被盗墓者动过，卡特没有时间思考那些盗墓者为什么没有拿走这些宝贝再把墓门封好的问题，他完全沉浸在这次伟大的考古之中了。

卡特小心翼翼地打开那个具有很高科研价值的第三道墓室门封戳，里面有一座金光闪闪的壁龛和各种陪葬品。卡特事后说道："龛上金光闪闪的

罩布使我确信这是一块 3000 年来没人打扰的冥
地，我们已经来到了死去的古代君主面前。"
这座金龛共有 4 层，用了 80 多天的时间才把它
搬出来。金龛的第一层是法老的棺椁，在棺
脚处有一尊女神张开双臂和双翅托着。
棺盖上是年轻法老的金像，他的双
手交叉放在胸前，紧紧握着象征
王权的蛇钩和鞭，脸上的表情带
着几分严峻。棺盖上还有一件
小小的东西——花环，这是年
轻的王后对死去的丈夫爱的表
白。根据这些花，专家们推断
图坦卡蒙安葬的时间应该是 4
月底到 5 月中旬之间。棺椁最
里边的一层是纯金制作的，它

❖ 帝王谷石像

的里面就是帝王谷唯一没有被触动过的 3000 年前的法老的木乃
伊。当包裹木乃伊的裹布被一层层地剪开时，一块块宝石也被取出来。法老的肩部和头部
有一副黄金面罩，法老的尸体在油脂的浸泡下已经变黑。

在这次发掘中，共有 5000 多件大大小小的陪葬品。这位只有 18 岁的年
轻法老在位只有 9 年，所以历史上很少有记载。卡特说："我们都知道，图
坦卡蒙一生中唯一出色的功绩是他死了并被埋葬了。"

帝王谷的死亡诅咒

据说，在这次发掘将要完成的时候，最后一个人从墓穴走出来时，一阵
狂风盘旋在洞口，只见一只秃鹫从陵墓上空快速飞过，直冲西天，飞向埃及
神话中的"另一世界"。秃鹫是古埃及王室的象征之一，当地人认为这是不
祥之兆，法老的咒语可能会显灵了。因为在主墓室的一座神像背后刻着这样

知识小链接

　　帝王谷：帝王谷位于开罗以南 700 多千米，尼罗河西岸岸边 7 千米，坐落于离底比斯遗址不远处的一片荒无人烟的峡谷中。埋葬的是古埃及新王朝 18~20 王朝时期（大约从公元前 1539 年到公元前 1075 年）的法老和贵族。帝王谷分为东谷和西谷，大多数重要的陵墓位于东谷。其中有图特摩斯三世、阿蒙霍特普二世、拉美西斯二世等最著名的法老。

的文字："作为图坦卡蒙的保卫者，我用沙漠之火驱逐盗贼。"

　　不幸的是，5 个月后，卡那冯勋爵去世了，死于被墓穴中的蚊虫叮咬引起血液中毒所导致的急性肺炎。而法老图坦卡蒙的左颊下也有一个伤疤，与卡那冯勋爵被蚊子叮咬的位置相同。不久以后，参加过墓穴发掘工作的人员也因为各种原因死去，卡特也在 1939 年 3 月因为未知原因死去。这些和陵墓有关的人的离奇死亡，使得法老的咒语充满了魔力，让人们心生畏惧。

❖ 帝王谷宫殿石柱

Part.01 第一章

亚历山大灯塔之光

　　亚历山大灯塔位于埃及的亚历山大港对面的法罗斯岛上，因此也叫作"法罗斯岛灯塔"，是古代世界七大奇迹之一。

法罗斯岛是一个椭圆形的小岛，怀抱在海湾之中，小岛的尽头是一块礁石，上面屹立着的就是亚历山大灯塔。大约在公元前283年，托勒密王朝时期，由小亚细亚的建筑师索斯特拉特设计建造，由于历史的记载模糊，它的高度大约在115~150米之间。它在倒塌之前可能是仅次于胡夫金字塔和卡弗拉金字塔的第三高建筑。而这座灯塔的修建，是因为2000多年前的马其顿国王亚历山大征服埃及所建造的。

❖ 亚历山大灯塔

❖ 亚历山大灯塔

公元前 336 年，仅仅 20 岁的亚历山大成了马其顿的国王。他率领希腊联军，用了 10 年的时间征服了欧洲、东亚、北非等广大地区，建立了西起希腊半岛，东至印度河流域，北达里海，南及埃及的横跨欧、亚、非三大洲的庞大帝国。

而亚历山大城是他在公元前 332 年征服了埃及的时候建立的。当时亚历山大来到接壤地中海的尼罗河口，看见尼罗河两岸的迷人风景和埃及辉煌的文明时，他想把埃及和整个世界连接在一起。终于，国王亚历山大在这里兴建了一座以自己的名字命名的城市，并派大将托勒密督守于此。

不久以后，亚历山大来到阿蒙神庙，在祭司的主持下，他成了埃及的法老，承认他是阿蒙之子。不过，亚历山大 33 岁英年早逝。在他去世后发行的钱币上印有他的头像——亚历山大头戴马其顿王冠，王冠上插着象征阿蒙神的公羊角。在这时期，亚历山大城成为一个融合东西方文明的港口城市。

亚历山大去世之后，帝国分崩离析，埃及被分裂出来，托勒密家族成为埃及的最高统治者。为了海上贸易和军事需要，托勒密家族在法罗斯岛上建立了这样的一座举世闻名的灯塔。人们一般认为，亚历山大灯塔建于托勒密二世时期。

亚历山大灯塔用花岗岩和大理石砌造而成，塔身四周布置了许多精美的雕像。灯塔被建成方形，总高 135 米，塔基边长 8.5 米。塔身有三层，每一层都有很多房间，塔的周围也有一些房间，可能是供士兵、天文学家、管理人员居住的。塔顶是圆形，塔顶内有一个巨大的火炬，塔顶上面是一座高约

7 米的海神波塞冬的雕像。据罗马帝国时期的文件记载，亚历山大灯塔发出的光可为 6.5 万米以内的航船导航。在每一个夜晚，耀眼的火光照亮周围的一切，巨大的铜镜将光芒反射到地中海的夜空之中，就像一轮高空的明月，照彻地中海的天空和海面，日日夜夜，不眠不休……

在灯塔建成 1500 多年后，灯塔和亚历山大城经历了一场大灾难。公元 365 年，地中海发生了地震和海啸，亚历山大城中有 5 万居民丧生，大量建筑毁塌，万幸的是亚历山大灯塔却奇迹般地保存下来了。于是，幸存下来的人们更加注意维护灯塔的安全，不断地加固塔基，灯塔又屹立了 1000 多年。在 1375 年，又一次更加猛烈的地震发生，灯塔完全毁塌，散落在大海之中。至此，曾经勇敢地面对地中海的狂风巨浪，以自己的光明保佑人们航海安全的亚历山大灯塔不复存在了。15 世纪后半期，当时的埃及统治者为了抵御来自海上的海盗和其他国家的入侵，在灯塔的原址上修建了一座军事要塞。此后的 600 年时间，灯塔消失在人们的视野之中，人们开始怀疑历史典籍中记载的那座高耸入云的亚历山大灯塔也许只是一个美丽的传说。

◆ 亚历山大灯塔

1994 年，当埃及政府在亚历山大灯塔旧址附近修筑防波大堤时，意外发现海底有古代石料船、狮身人面像和大量精美的古代雕塑，于是停止了防波堤的修建，开始古代文物的发掘工作。从 1995 年开始，考古人员在亚历山大灯塔旧址 2.25 万平方米的海底进行了拉网式搜索，大量的古代文物不断被发现，雕刻在托勒密王朝二世时期的狮身人面像仅头部就达 5 吨重。经过长期灯塔：灯塔是指位于海岸、港口或河道，用以指引船只方向的塔状建筑物。灯塔顶部有一个透镜系统，能将光芒水平射向海面照明。在电力还没有普及的时候，主要是以火为光源。由于现代的导航设备已经非常先进，人工操作的灯塔数量大大减少，全世界只剩下 1500 个左右。灯塔常用来标志危险的海岸、险要的沙洲、暗礁以及通往港口的航道。

的探索，亚历山大灯塔的塔身被找到，经测量，灯塔边长大约 36 米，塔身的每个侧面都有精美的雕刻作品，可以想象亚历山大灯塔在当时是多么辉煌。

这次发掘，不仅仅有托勒密二世时期的遗物，还有更加久远的时代的遗物，而且还打捞出古埃及法老时代的方尖塔，不少文物上都刻有象形文字和法老时代的符号。

灯塔的遗址找到了，同时也带来了新的问题：既然在这里打捞出如此众多的法老时代的遗物，那么，灯塔是不是仍然可以确定为亚历山大时期创作的奇迹呢？

作为世界古代七大奇迹之一，它的身躯曾一直出现在希腊、罗马和埃及的各种艺术品、纪念品和钱币上，它更多地帮助了航海的人们。此外，世界上有几种语言中的"灯塔"一词都与法罗斯这座小岛有关系，英语中的"pharos"、意大利语中的"faro"、法语中的"phare"等都源于法罗斯。所以，人们歌颂这座灯塔"以自己的光明照亮了古代文明的灿烂"。

❖ 亚历山大灯塔内部图

拉利贝拉与教堂

拉利贝拉是埃塞俄比亚北部的一个城镇，也是埃塞俄比亚东正教的一个圣城。拉利贝拉有不少用岩石凿出来的教堂，是世界上著名的奇景之一。

埃塞俄比亚民族地处高原群山而与外界隔绝，他们一直坚信埃塞俄比亚的皇帝是所罗门国王和希巴皇后的后裔，埃塞俄比亚东正教的教堂是世界上唯一真正能接待上帝的地方。在高原群山之中，隐藏着世界上独一无二的11座岩石教堂，在荒废了600多年之久的1974年，终于重见天日，吸引了世界上无数关切的目光。

拉利贝拉的传说

拉利贝拉在首都亚的斯亚贝巴以北350千米的地方，紧靠着埃塞俄比亚中部的拉斯塔山脉最高峰——高达4117米的阿布那·齐斯山。历史上它的名字叫罗哈，为了纪念这些神奇的岩石教堂的倡导建设者——扎格王朝(1173—1270年)的国王拉利贝拉而改成了拉利贝拉。据说拉利贝拉刚诞生的时候，是被一群蜜蜂

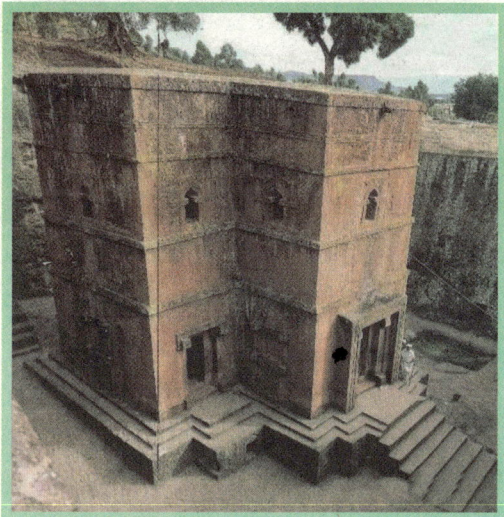

❖ 拉利贝拉

围着的，他的母亲欣喜地为他取名为拉利贝拉，意思是"宣告王权"。

拉利贝拉是一位虔诚的基督徒，他曾梦见自己到了耶路撒冷，并得到了神的启示。于是，他打算在坚固的五颜六色的火山凝灰岩地带的山岩中凿建一座教堂圣城，他从耶路撒冷和亚历山大城等地方请来了技术高超的石匠，配以大量的劳动力，并在天使安琪的帮助下建造了这座圣城。1212 年，拉利贝拉去世后，人们为了纪念他，在这个地方建造了一座教堂——戈尔戈塔教堂，并在教堂里埋葬了他。

形态各异的教堂

这 11 座岩石教堂大致被分为三个地区，每个地区之间用地道和回廊连为一个整体，而每座教堂有几十到几百平方米，大的相当于三四层楼房之高。

❖ 拉利贝拉

而且它们都建造在岩石之中，可想而知难度是多么的大。在建造之前，必须寻找合适且完整的、没有裂缝的巨型岩石，把表层的土壤和碎石清理干净，然后在整块岩石的四周凿出 12 ～ 15 米深的沟槽，使其与整个山体完全脱离，然后在岩体的内部凿出墙体、屋顶、廊柱、门、窗和祭坛，形成一个空间，接着在石壁上精雕细镂出各种图案，最后成了一座具有特殊风格的教堂。

其中最大的教堂是梅德哈尼阿莱姆教堂，意思是救世主教堂。它由一块长 33 米、宽 23.7 米、高 11.5 米的红岩凿成，面积达 782 平方米。里面拥有五个中殿和一个长方形的廊柱大厅，28 根石柱，石柱上雕有几何图案。

最华丽和神秘的教堂是圣玛利亚教堂，有三个中殿，教堂的窗子形状是拉丁和古希腊的十字形，形成圈状十字形。教堂内的中央石柱一直用布包裹着，这是因为国王拉利贝拉曾说过：耶稣基督曾在这里出现过，并且触摸过这根柱子，而且人类的过去和未来也都被刻在这根柱子上，所以必须把它遮住，以免被世俗人看到，招惹祸端。

造型最独特的是圣乔治教堂，它是一个正十字形的教堂。教徒圣乔治在英国受到尊敬，在埃塞俄比亚也同样受到尊敬。教堂的屋顶上雕刻了一个巨大的十字架，从空中俯瞰，这座教堂犹如一个巨大的十字架，屹立在大地之上。

在第二次世界大战之前，埃塞俄比亚被意大利占领，五年后获得了解放。除了这五年，埃塞俄比亚一直保持着国家的独立。埃塞俄比亚国王信奉基督教，基督教是主要的宗教，这在非洲都是很独特的。

据埃塞俄比亚的传说，美丽的希巴皇后曾经到过耶路撒冷，她带着满载珍贵礼品的 797 头骆驼、无数头骡子和驴，受到所罗门王隆重的接待，并嫁给了所罗门王。希巴皇后生下了儿子麦纳里克，麦纳里克就是埃塞俄比亚王国的皇室奠基人，麦纳里克把皇城建在了埃塞俄比亚北部城市阿克苏姆。麦纳里克从耶路撒冷

◆ 拉利贝拉

的教堂中取走了"约柜"，并一直保存在阿克苏姆的圣玛利亚教堂。阿克苏姆王朝在公元 3 世纪—公元 6 世纪极度向外扩张，势力向东北扩张到阿拉伯人地区。11 世纪末，国力衰退，最后被扎格王朝取代，扎格王朝的国都定在罗哈，即后来的拉利贝拉。

❖ 拉利贝拉

扎格王朝的新国王拉利贝拉同样信奉基督教，为了供奉上帝，求得上帝的庇佑，征调 5000 匠人，用 30 年时间，雕凿成"同大地连成一体，建筑根植于地，上连天体，上下界浑为一体"的岩石教堂城。这座教堂城不仅有宗教作用，还有政治和军事功能，王室在这里居住，信徒在这里祈祷，当敌人进攻的时候，还是一个坚固的防御要塞。

拉利贝拉岩石教堂是扎格王朝建筑的代表作，也是埃塞俄比亚人信奉基督的标志。一位曾经参观过拉利贝拉教堂的作家如此向人们诉说自己的心情："这是世界上最伟大的奇观之一，当我亲眼看到时，我充满着惊诧和欣喜。"

现在的拉利贝拉岩石教堂已经重新得到修整，有 1000 多名教士在这里侍奉着上帝。来这里祈祷和旅游的人很多，这里已经形成了一个现代的城市，繁华已在，安静消失。不过，对于有信仰的人，安静也好，热闹也罢，上帝都会赐福于他。

知识小链接

坦佩利奥基奥教堂：欧洲也有一座举世闻名的岩石教堂，即坦佩利奥基奥教堂，位于芬兰首都赫尔辛基市中心的坦佩利岩石广场。它是由斯欧马拉聂兄弟经过极为新颖巧妙的设计，于 1969 年完成的。教堂内壁是未经任何修饰的岩石的原貌，顶部用炸碎的岩石巧妙堆砌而成，金碧辉煌的拱顶隐隐约约反射着下面的烛光，这是整座教堂富有艺术感染力的地方。

第二章
灿烂的亚洲文明

　　我们脚下生活的这片土地的名字叫亚洲，亚洲是"亚细亚洲"的简称。"亚细亚洲"这个词来源于古代西亚等地古人的闪米特语。"亚细亚"的意思是指东方日出的地方。

　　亚洲是世界文明古国中国、印度、巴比伦的所在地，又是佛教、伊斯兰教和基督教的发祥地，对世界文化的发展有着重大的影响。勤劳勇敢的亚洲人民用自己的智慧和血汗创造了源远流长、博大精深的亚洲文明。

亚洲**文明**概况

> 亚洲是世界文明古国中国、印度、巴比伦的所在地，孕育了佛教、伊斯兰教、基督教等重要宗教，是世界文化的重要起源地。

亚洲文明的诞生离不开河流的孕育。例如西亚的两河流域文明、西南亚的阿拉伯文明、南亚的印度文明和东南亚的中南亚文明，还有东亚的华夏文明。

公元前 5000 年左右，在西亚的底格里斯河和幼发拉底河的两河流域，诞生了世界上最早的城市和国家，还有最早的文字——楔形文字，最早的成文法典——《汉谟拉比法典》和最早的图书馆——亚述巴里巴图书馆。在国王尼不及阿里萨二世统治期

❖ 印度建筑

知识小链接

郑和下西洋：1405 年 7 月 11 日（明永乐三年），明成祖命令郑和率领 240 多只海船，27 400 名船员的庞大船队，从苏州刘家港出发，远渡重洋，经过了南亚，最远到达非洲，拜访了 30 多个国家和地区。一直到 1433 年（明宣德八年），一共远航 7 次。最后一次，宣德八年 4 月回程到古里时，郑和在船上因病去世。

间，巴比伦城号称"百门之都"，非常壮阔，传说中的巴别通天塔和空中花园都在其中。

印度文明的源头是诞生在印度河流域的哈拉巴文化，这是古印度号称"青铜时代"的文化形式，它代表了一种城市文明。大约在公元前 1500 年，吠陀文明兴起，雅利安人创建了一个新的教派——婆罗门教，此后，梵文诞生，并成为"印度文明之母"。佛教在阿育王统治时期，风靡于印度的大部分地区，这期间越过喜马拉雅山脉，传入了中国西藏和其他地区。著名的游览胜地印度泰姬陵就是在这个时期完成的。

伟大的华夏文明诞生在长江与黄河流域，从神话故事里的三皇五帝，到夏商周的文明；从春秋战国时期的群雄争霸，逐鹿中原，到秦朝时的大统一……同时，中华文明也从百家争鸣逐渐发展为儒家思想为正统思想的文明。中华民族博大精深的文化，就像接纳江河水的大海一样，不断地吸收和融合其他外来文化，对韩国、日本，对东南亚、南亚一些国家如菲律宾、新加坡、越南等国家和地区都产生了深远的影响，郑和七下西洋更是加深了这种影响，由此形成了世界所公认的以中国文化为核心的东亚文化圈。

◆ 北京故宫

Part.02 第二章

永不倒的万里长城

> 长城是我国古代劳动人民创造的伟大奇迹，是中国悠久历史的见证。它与罗马斗兽场、比萨斜塔等列为中古世界七大奇迹之一。

万里长城是我国古代一项伟大的防御工程，它凝聚着我国古代人民的坚强毅力和高度智慧，体现了我国古代工程技术的非凡成就，也显示了中华民族的悠久历史。长城是中国也是世界上修建时间最长、工程量最大的一项古代防御工程。长城的修建工程，最早开始于公元前9世纪，当时的修建目的

◆ 居庸关

是为了抵御外来民族的侵犯。

春秋战国时期，各国诸侯为了防御别国入侵，修筑烽火台，并用城墙连接起来，形成了最早的长城。以后历代君王几乎都会加固增修长城。现存的长城，是明朝时修建的，它东面毗邻鸭绿江，西面接到嘉峪关，穿过河

❖ 跺口

北、内蒙古、山西、陕西、宁夏、甘肃等地区。它因长达几万里，故又称作"万里长城"。

公元前221年，秦始皇统一中国之后，派蒙恬驻守北方，动用大量的劳动力去修长城。经过长期的努力，终于在北方边界建起一座长达5000多千米的人工屏障，形成了抵御来自北方蒙古草原上游牧民族骚扰的壁垒。为了修筑长城，百姓死伤无数。我们今天所熟知的孟姜女哭长城的故事即来源于此。

公元前156年，汉武帝登上王位之后，发动了三次对北方游牧民族匈奴的战争，把他们赶往荒漠的深处。之后也曾多次修筑长城，主要目的是为了保护河套、陇西地区不被侵犯，同时加强与西域地区的交流，这一时期的长城长度达到了10 000多千米。

长城并不是单一的城墙，也不是什么都没有，而是一座坚固的堡垒，城墙、敌楼、关城、墩堡、营城、卫所、镇城烽火台等多种防御工事应有尽有，组成了一个完整的防御工程体系，各级军事指挥系统层层指挥、节节控制。明朝在长城上设置了辽东、蓟、宣府、大同、山西、榆林、宁夏、固原、甘肃九个军事管辖区，分段防守和修缮从鸭绿江到嘉峪关全长7000多千米的长城。这九个地方也被称作"九边重镇"，每镇的最高军事长官是总兵官，

直接听命于兵部，负责所辖军区内的防务或者奉命支援相邻军区的防务。在正常情况下，总兵官都是在镇城内驻守待命的，其余各级官员分别驻守在卫所、营城、关城和城墙上的敌楼和墩堡之内，总兵力约有100万人。

❖ 烽火台

长城在重要道口、山口、山海交接处都设立了关城，出入都需要凭证，这样既便于交通，又为加强防守提供了一层保障。在墙身上，每隔一定距离就建有凸出的强台，便于左右射击。每隔一段距离都设有一座敌楼，用于存放武器、粮食，供士兵居住。此外还有烽燧、烽火台，当发现敌人大举入侵的时候，人们可以点燃狼烟，使周围的人在短时间内就获知敌情。

长城沿着山坡起伏延伸，它的主体部分，建在高山峻岭或平原险阻的地方，根据地形和防御功能因地制宜，"因地形，用险制塞"。在平原或重要的地方，长城修筑得十分高大坚固，但是在山势较为高险的地方，则修建得较为矮小狭窄，这样便可节约大

❖ 城墙

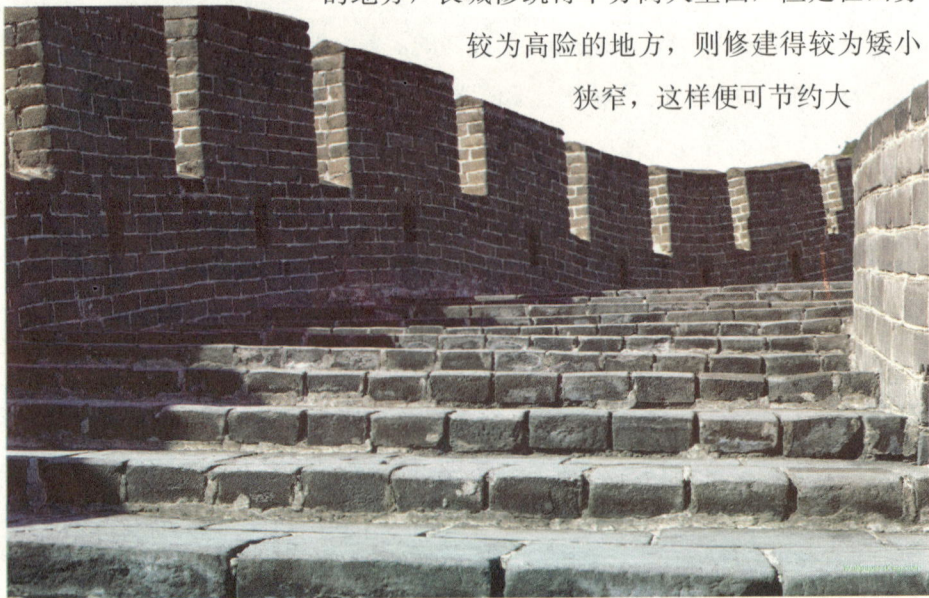

量的人力和费用，甚至在一些最为陡峻不能修筑的地方采取了"山险墙"和"劈山墙"的办法。河北、山西、甘肃等地区的长城城墙，平均高度在七八米左右，底部约六七米宽，墙顶约四五米宽。在城墙顶的内侧设高约1米的宇墙，巡逻士兵不易跌落，外侧一面设高约2米的垛口墙，上部设置着瞭望口，以观察敌情。垛口墙下面设置有射洞和礌石孔，以便射击、滚放礌石。明朝中期，历史上著名的抗倭名将戚继光被任命为蓟镇总兵。为了更好地储存武器和粮草，戚继光对长城的防御系统进行了大刀阔斧的改进，并在城墙顶部设置了敌楼，极大地加强了长城的防御功能。

万里长城的修筑，有一个很大的特点，就是"因地制宜，就地取材"。明朝修筑长城，总结了前代的经验，在选择地形、使用材料、城墙构造以及工程技术方面都有很大的进步。分布在宁夏西北部的明代长城，多修筑于贺兰山沿山与靠近黄河的交通要冲。在宁夏南部山区，也是"沿山傍溪，筑墙立营"，因地形而扼险据守。在无险可凭的黄河以东，横城至花马池（盐池）一带，地势平坦，又是入敌之冲要，则修挖"深沟高垒"，驻以重兵进行防御。沙漠中还利用了红柳枝条、芦苇与砂砾层层铺筑的结构，整个工程的建

❖ 长城

八达岭长城：八达岭长城位于北京市延庆县境内，是军都山中的一个山口，离北京市区70多千米。这一带山峦起伏，多险峰峻岭。八达岭长城是万里长城的一部分，是明长城的一个隘口，史称"天下九塞之一"。这段长城地势险峻，居高临下，是明代重要的军事关隘和首都北京的重要屏障。八达岭万里长城被联合国列为世界人类文化遗产。

筑工艺非常出色，堪称巧夺天工。在现在的甘肃玉门关、阳关地区以及新疆境内，人们还可以看到这种长城遗迹，从西汉时期至今，仍然保存完好。

自建成以来，长城在中国历史上就扮演着举足轻重的角色。它的每一次失守甚至关系到一个朝代的更替，对中华民族的兴盛与衰败也有着极大的影响。在长城内外发生了许多著名的战役，产生了许多的名将，比如说战国时代的赵国名将李牧，人们为了纪念他，修建了一座祠堂，现在李牧祠的遗址还保留在雁门关。

经历了岁月的洗礼和人为的破坏，许多古长城已经衰败，甚至消失在历史之中了。但是，万里长城像一条中华巨龙坐卧在中华大地上，是人类古代最巨大壮观的工程。它以千姿百态、无一类同的奇丽景观，闪耀在中国的土地上。万里长城内外的我国各族人民，在经过长期不断的交往，突破人为的分割阻碍，已经凝结成了统一、团结、和睦友爱的中华民族大家庭。长城不仅是中国古代的伟大建筑，也是我们中华民族伟大文明古国的象征，是悠久历史的见证。

❖ 嘉峪关

Part.02 第二章

中国的**神庙**天坛

天坛是中国现存最大的一处庙坛建筑，在故宫的东南方，是明清皇帝冬至日时祭皇天上帝和正月上辛日行祈谷礼的地方。

在这里，即使最高贵的皇帝也要虔诚地向天地跪拜，祈求上天保佑他的国家昌盛、人民幸福安康。作为明清最高规格的祭祀场所，天坛代表着古代中国的天道哲学和自然观念。

明代永乐十八年（1420年），明成祖朱棣迁都北京，开始修建天坛，后经过明代嘉靖、清代乾隆和光绪重修以后形成了现在的格局。天坛东西宽 1700 米，南北长 1600 米，占地面积达 270 余万平方米，采

❖ 天坛

用"回"字格局，二重垣墙形成内外坛，坛墙南方北圆象征天圆地方。中国古代对天地宇宙的认识是天圆地方，这种哲学思想在天坛建筑的形制中得到集中的体现，它把天圆地方、九五之尊、周天四时都和谐地统一在一起。

❖ 皇穹宇

天坛的建筑可以分为两个部分，南边是圜丘坛，北边是祈谷坛，这两个坛处在同一条线上。其中，圜丘坛由圜丘坛、皇穹宇等部分组成；祈谷坛由祈年殿、皇乾殿、祈年门等部分组成。两坛之间有一条通道，通道台基南端高 1 米，由南至北逐渐升高，寓意着"步步登天"。这条台基代表的是神仙走的路，因此叫作"神道"，又名丹陛桥。"神道"两侧一面是"御道"，供皇帝行走，一面是"王道"，是王公大臣专用通道。另外，桥下还有一条

❖ 皇穹宇

畜生道，供赶运祭祀所用的"牺牲"的道路。每当祭日前，都击奏鼓乐，从这里将祭祀用的牲畜送到"宰牲亭"宰杀，所以这里又称"进牲门"。在圜丘坛和祈谷坛之外的地方，缭墙之内的其他地方都是绿草地和苍茂郁然的古柏。

圜丘坛

圜丘坛作为皇帝祭天活动的场所，又名祭天坛、拜天坛。在古代中国，"圜"即指天体，圜丘坛的建筑既符合天圆之说，又充分体现了圆满、九九归一之说。在古代中国，"九"是最大的阳数，直接关联着天道。作为神圣的祭天场所，圜丘坛建筑的构成便到处体现出对"九"的尊崇。

圜丘坛的中心是"天心石"，天心石是一块圆形大理石，站在这块石上讲话，声音会变得洪亮而深邃。因此，每当"奉天承运"的皇帝在此祭天的时候，他的声音就像上天神谕一般具有穿透力，也就象征他代表天意、代天而言的"合法性"。而事实上，这种带有神秘色彩的效果是利用回声的结果。当声音沿着光滑的石板向四周扩散的时候，遇到那些等距离的石板雕栏后，就会产生反射效应，并与原来的声音叠加，因此人们听到的声音显得格外浑厚而嘹亮。

❖ 皇穹宇

皇穹宇

圜丘坛的北门外是皇穹宇，皇穹宇里面供奉的是皇天上帝的牌位。每当祭典的时候，迎神位于圜丘坛上，

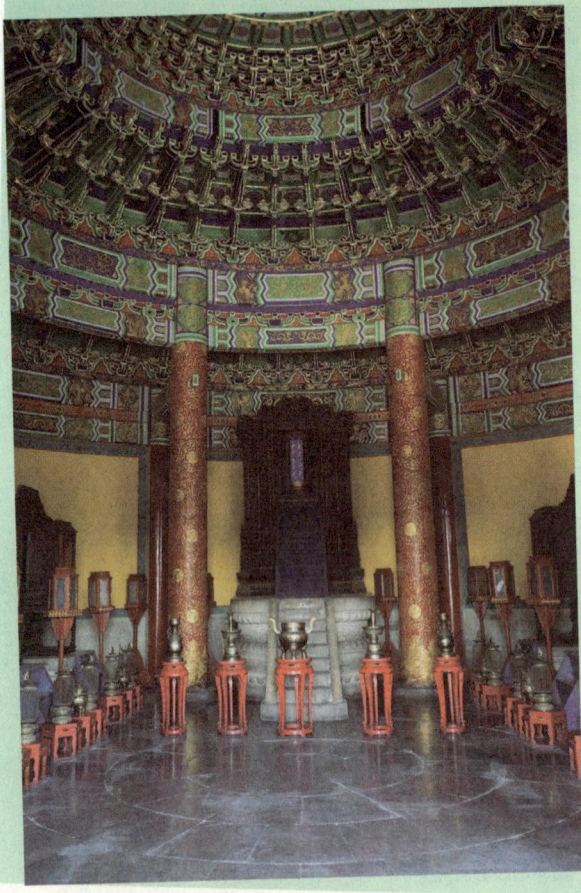
❖ 皇穹宇内部图

典礼结束之后，重新安放供奉在原位。皇穹宇建于明嘉靖九年，建成后是一座重檐建筑，门楼、殿顶覆盖的都是绿色琉璃瓦。在清乾隆十七年重修时，门楼、殿瓦、殿顶的琉璃瓦全部被换成蓝色，围墙则用蓝色玻璃砖重新镶嵌，以营造与蓝天相辉映的艺术效果。皇穹宇周围的围墙也被修建成圆形，象征着"天圆"。这个弧度匀称、表面光滑的围墙，能使声音在经过墙壁时发生折射，有着回音的效果。比如说，两个人分别站在墙的南北两侧，当其中一个面朝墙壁说话时，声音就会清清楚楚地传到另一个人的耳边，这就是为人们所熟知的回音壁。回音壁外，有一棵500多岁的古柏，它从明朝永乐年间一直生长到现在。因为古柏的树干就像被九条龙盘绕着一样虬结，所以，人们形象化地将它称为"九龙柏"。

如果说圜丘坛表达了中国古代人们天圆地方的宇宙哲学观，那么祈谷坛则表现了古代中国作为农业大国的自然观，它的主体建筑象征着天时、四季、中国农历的节令等。从圜丘坛过皇穹宇，沿着丹陛桥向北，可以直通祈年殿，祈年殿再往北是皇乾殿，安放供奉的是上帝及配祀诸帝神位。皇乾殿建筑在单层石基之上，四面都被坚固的石质栏杆围绕着。皇乾殿和祈年殿前的祈年门仍然保留着明嘉靖二十四年（1545年）竣工时的原貌。

祈年殿

祈年殿的构造形式是上殿下坛，台基形制和圜丘坛一样，分为三层，每层都以白石砌栏防护着。最上面的祈年殿是一座镏金宝顶、三层重檐的圆形大殿，殿高 38 米，曾经是北京城最高的建筑之一。在高远旷达的天空下，深蓝色的殿顶、金黄的大殿、白色的台基，彰显着强烈的威严厚重的气氛。

祈年殿曾经被称为大祈殿，明代叫大享殿，是合祀天地神的地方。乾隆十八年（1753 年），大殿按照敬天祀神的规格修建，专门用来祭祀皇天，因此，大殿大修之后改称祈年殿。祈年殿整体由木质结构建造，暗含天地时间的规律，可以称得上是一个建筑奇迹。大殿内由 28 根大柱支撑着整个殿顶的重量，最中间的 4 根支柱称"通天柱"，又名"龙井柱"，寓意着四季；中层有 12 根金柱，分别代表着一年中的 12 个月；外层有 12 根檐柱，指的是一天中的 12 个时辰；中间的一层和外面的一层加起来总共是 24 根，暗含着一年中 24 个节气的意思；而三层加起来总共是 28 根，又应和天上的 28 星宿。28 根大柱再加上顶部的 8 根童子柱，一共是 36 根，象征 36 天罡。3 层的殿脊以镏金斗拱做支撑，卯榫交叉，殿内的梁枋大木和天花

❖ 祈年殿

西安天坛：西安天坛是中国现存最早的皇帝祭天礼仪建筑。史书上称西安天坛为"圜丘"，而到明清的时候才开始叫天坛。西安天坛始建于隋文帝开皇十年（公元590年），比建于明代嘉靖九年（1530年）的北京天坛早了近1000年。从隋初到唐末，圜丘沿用了314年，隋文帝以及唐代的21位皇帝都曾在此进行过祭天礼仪。西安圜丘共有四层，而北京天坛则只有三层，所以，西安天坛有"天下第一坛"的称号。

板上，都描绘着龙凤和玺彩画，给人一种精美绝伦、富丽堂皇的视觉感受。

祈年殿内有一个神奇的地方，在殿内正中地面上的圆形大理石上有一个天然形成的龙凤呈祥纹，也叫作龙凤呈祥石。传说这块石头上并没有龙纹，只有凤纹，是因为有一天殿顶藻井上的金龙下来找凤戏耍，嘉靖皇帝正好来祭天，当他跪在石板上行礼的时候，金龙没有来得及飞走，于是被永远地压在了圆石中。清光绪十五年（1889年），祈年殿遭受了一场雷火，龙凤石在大火中被炙烤了一夜，虽然没有被烧碎，但是龙凤纹模糊不清了。

❖ 祈年殿

Part.02 第二章

大同**云冈石窟**

云冈石窟位于山西省大同市西北约 15 千米处的武周山上。作为中国最大的佛教石窟群之一，云冈石窟的文化价值在于它以独特的技法和艺术形式对佛教文化内容进行了比较完整的展示。

当你走进云冈石窟的时候，展现在你眼前的不仅仅是一座座佛像，还有一种文化艺术的光辉。佛像上有一种智慧和德行的光辉，宛如发自具有美好信仰的灵魂深处，纯净灵魂的生气灌注在冥顽的石块里，世俗艺术和宗教艺术在这里相结合，更进一步丰富了文化的内涵。

云冈石窟占地大约 1000 平方米，雕刻有不同时期的石窟，石窟内最大的雕像高约 17 米，最小的高度仅为几厘米。它们有法相庄严的佛像、菩萨，有

◆ 云冈石窟

姿态生动的力士，也有翩翩舞动的飞天以及佛国的各种吉祥动物和植物等。可以用气魄宏大来形容云冈石窟，它被两道山麓分成东部、中部、西部三部分，根据现在的分法进行了编号，东部是1~4窟，中部是5~20窟，西部为21~53窟。其中，16~20窟的石窟群，是整个石窟群中历史最久远的，是由北魏文成帝命令高僧昙曜主持开凿的。

公元453年，文成帝信奉佛教，派出4万余人，历时50年开凿了最早的石窟，甚至当时狮子国（今斯里兰卡）的佛教徒也参与了这一石窟的创作。北魏地理学家郦道元在《水经注》中记载："凿石开山，因岩结构，真容巨壮，世法所希。山堂水殿，烟寺相望，林渊锦镜，缀目所眺。"由此可见，当它的第一笔落下的时候，云冈石窟的诸佛就已经目睹了中国大地上1500年的沧桑巨变，注定了它不凡的气势，这使它成为中国石雕文化艺术沉默、厚重的记录者。

当世人走进云冈石窟后，满壁飞舞的石雕"飞天"带给了世人具有彼岸

❖ 飞天

世界精神意味的纯洁馈赠。如果说在空中飞舞是人类的一种情结，那精神的飞翔更是一种自由的境界。从酷烈的阳光下走进空明、阴凉的洞窟里，当眸子适应了那种昏暗之后，看见满天的面带纯净微笑的孩子手持鲜花、乐器、果实向你飞来的时候，你会感觉到满心的愉悦和感动。

❖ 云冈石窟内部

飞舞的天使

"飞天"在梵语中的意思是"飞舞的天使"，经常以飘浮于空中，手里握着花环和珠宝，不带双翅而裸露上身的小人的形象出现在印度的佛教美术作品中，比如说印度阿旃陀石窟的壁画中就曾出现过这种形象。当北魏时期开凿莫高窟的壁画时，尤其是在藻井图案中，"飞天"的形象大量出现，它的装饰和印度飞天相类似，都是上身裸露、下着宽裤，伸出略显吃力的双足。

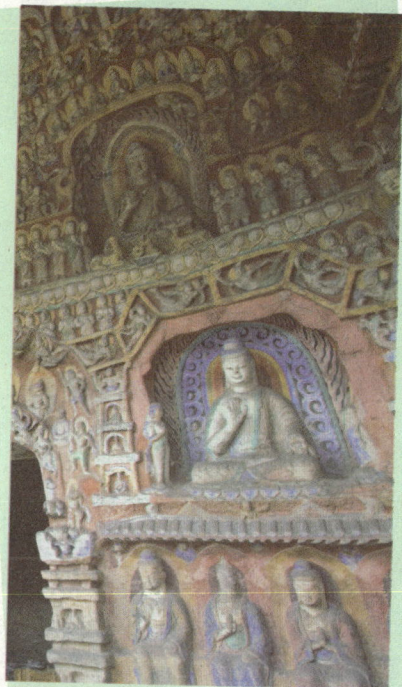

在最早的公元 460 年—公元 465 年开凿的第 1620 窟中，"飞天"都是以上身赤裸、斜披络带，表现出一种步伐轻盈的形象出现的。在公元 465 年—公元 494 年北魏开凿的第 5～13 窟中，"飞天"已经穿上了短衫，有的"飞天"足部也不再露出。而在公元 494 年—公元 524 年之间开凿的第 4、第 14、第 15 等石窟中，"飞天"的形象开始出现了中国化，开凿的"飞天"身着短衫，腰部弯成"V"字形，华夏文化中的长衫遮住了"飞天"的腿和脚，在"飞天"腰部以下，衣服的线条向后滑出，显得非常生动流畅，整个形体在线条的疏导下，渐渐没入画面，形成从画面上向外飞出的感觉。这就是魏晋浮雕的独特魅力——"飞天"真的飞舞起来了。

"飞天"以飞舞的姿态展现，仿佛就是沟通佛境与尘世的使者和桥梁。它所表达的不是现世的愉快，而是带有宗教情感的升天超级体验。它们的魅力来自于本身宛若上弦月般的唇角发出的迷人微笑，也来自于它们童贞的体态和飘动的裙裳络带。云冈石窟中的第 9 窟、第 11 窟、第 17 窟中"飞天"

❖ 壁画

的衣饰纹路疏密有致，络带展现的是自由流转的轨迹，飘带飞扬的线条形成了高度的动势，呈现出中国书法飘逸的韵味，将"飞天"质朴无瑕的躯体衬托出一种别样的风情，似乎将彼岸世界的迷人风景带到了人世间。

云冈石窟中的第6窟是最有代表性的洞窟之一，它的正中间矗立着一根高达15米的塔柱，连接着窟顶，周壁雕满佛像、菩萨、"飞天"等，在窟顶和塔柱上，写满了释迦牟尼一生的经历。在印度，佛像始终低垂着眉眼，而在这里舒展地睁开了。

❖ 大佛像

他们以中国哲人式的微笑，凝视着佛界的"飞舞的天使"，"飞天"正以动人的优美舞姿，感召着挣扎于战乱中的血腥和处于生老病死的泥淖中的苦难生灵。在佛教中，佛像睁眼是不寻常的，它意味着印度佛教那种弃绝生命的意识在向中国佛教珍惜生命的意义的转变——在尘世间，佛与人是有心性桥梁的，那些对生命充满柔情的"飞天"架起了这座桥梁。

五尊大佛

据说，云冈石窟的昙曜五窟中的五尊大佛是道武帝、明元帝、太武帝、景穆帝、文成帝五帝的象征。公元452年，文成帝命人以他本人为原型雕刻佛像。两年之后，又命人在京城大佛寺内以道武帝、明元帝、太武帝、景穆帝、文成帝为原型塑造五尊释迦牟尼像。帝王的威严在一定程度上和佛法庄严地融合在一起，人性和心性也就慢慢地通向了佛性。

在云冈石窟这个充满佛教魅力的世界里，我们可以感受到众神共舞的奇妙和魅力，而这众生平等早已经传遍整个中华。

知识小链接

四大石窟：联合国教科文组织《世界遗产名录》收录中国境内的四大石窟，分别是三大石窟和大足石刻。还有一种说法是"四大石窟"包括三大石窟以及麦积山石窟。三大石窟是敦煌莫高窟、大同云冈石窟、洛阳龙门石窟。麦积山石窟位于甘肃天水东南，始建于十六国时期的后秦，历代均有扩建。大足石刻位于重庆大足县，是中国南方石窟的代表和顶尖之作，内容为释、儒、道三教合一，始建于唐代，之后的几个朝代中，人们都对它们进行了扩建。

❖ 大佛像

Part.02 第二章

佛教圣殿**布达拉宫**

在蓝天白云之下，西藏拉萨市的西北，海拔 3700 多米的玛布日山上，有一座著名的宫堡式建筑群——西藏佛教圣地布达拉宫。

如果仰望层层雪谷、峰顶，玛布日山上的宫阙就会展现在人们眼前，在太阳的照耀之下，当目光相接的刹那，人们似乎可以看到生命的永恒。

布达拉宫集藏族古代建筑、绘画、宗教等文化意识和艺术、技艺的精华于一身，被誉为"世界十大土木石杰出建筑"之一。布达拉宫最早建于公元 7 世纪初，曾经作为松赞干布统一青藏高原诸部落，建立吐蕃王朝的皇家宫殿。这座宫殿"一切宫檐，以宝石为饰"，共有房间 1000 间，也有的传说是 999 间。它的形制壮丽堂皇，绘饰无比精美。

然而，那些改变了"以毡帐而居，无城郭屋舍"的藏地景观的宫殿，并没有全部保留下来。在这之后

❖ **布达拉宫**

的几百年时间内，因为兵战拆毁或者天灾等因素，仅存的只有法王洞、超凡佛殿以及松赞干布、文成公主、赤尊公主等人的塑像了。直到 1645 年，在五世达赖阿旺罗桑嘉措的建议下，布达拉宫白宫部分才开始大规模修缮。

1652 年，五世达赖被清朝的顺治帝册封为"西天大善自在佛所领天下释教普通瓦赤喇怛喇达赖喇嘛"，并授予他满、汉、蒙、藏四种文字的金册、金印。自此以后，"达赖喇嘛"的政治、宗教地位就被正式确立下来。

1652 年，白宫修缮完工后，五世达赖喇嘛便移居到了其顶上的森琼尼威宫。五世达赖在西藏有很高的地位，他在布达拉宫管

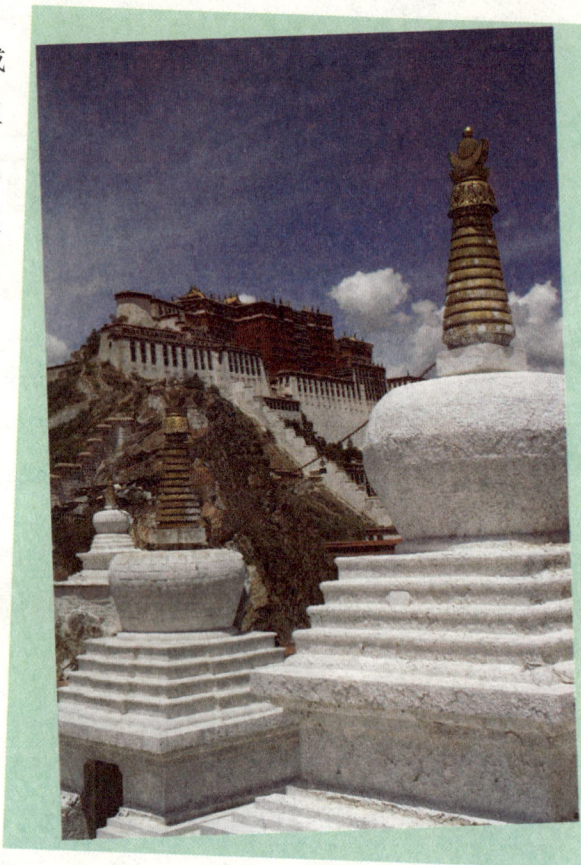

❖ 布达拉宫

理政务、弘扬佛法，到晚年的时候，就开始专注于文字创作，1682 年圆寂。八年之后，清政府在布达拉宫附近修建了五世达赖喇嘛灵塔，并且扩建红宫和朗杰扎仓等建筑，用时三年。当年红宫落成典礼上所立的无字石碑至今依旧完好无损。十三世喇嘛土登嘉措时期经行了为时八年的修建，才成为今天的布达拉宫。

布达拉宫的主体主要有红宫和白宫，此外还有三座黄色殿堂。红宫居中，它的东南西三面被白宫环绕。

红宫的主体建筑是历代达赖喇嘛的灵塔殿和各类佛堂，在宫内的八座灵塔中，五世达赖和十三世达赖的灵塔最为奢侈豪华，五世达赖的灵塔高 14.85 米，基座有 36 平方米，塔身全部用黄金包裹，共用黄金 3.7 吨，塔上的纹饰用钻石、玛瑙、珊瑚镶嵌而成；十三世达赖喇嘛的灵塔"格列顿觉"仅宝石

就有 4 万颗之多，塔身也是以金银包裹，整座塔上到处点缀着珠玉，显得非常华美。

白宫则是用来作为达赖喇嘛修习密宗以及放置佛像、佛塔之用的。其中，最大的东大殿是喇嘛坐床、亲政的场所。白宫里还修建了僧官学校、胜世密宗院和供僧侣居住的僧舍等。布达拉宫建筑的视觉格局具有鲜明的佛教象征意义，从红宫和白宫挺拔地耸立着被其他建筑包围着的建筑分布，可以看出在藏传佛教中，达赖喇嘛的地位非常之高。

藏语中有这样一句话："无喇嘛上师，何以近佛？"意思是只有依靠喇嘛，才能与西天的佛接近，达到解脱的境界。上师是德行高尚的喇嘛。"达赖"在蒙古语中是"大海"的意思。蒙古土默特部首领俺答汗赠与喇嘛教黄教领袖索南坚措尊号"圣识一切瓦齐尔达赖喇嘛"，意思是"佛法像大海一样广大"。在这之后，才有了"达赖喇嘛"一词。因为索南坚措是第三代活佛，所以被称为三世达赖。

藏传佛教的精髓是密宗，又叫藏密。布达拉宫的白宫里有专供僧人修习密宗的密宗殿，密宗的修法仪式非常严格，任何外人都不得观看。除此之外，其他的佛教派被称为显宗，修法仪式也可以供外人观看。

在所有的修行阶段中，密宗的修习难度是最大的，在密宗院里，僧人一般先学显宗，而后学密宗，因此毕业的僧人并不很多。

❖ 布达拉宫

藏传佛教：藏传佛教又称喇嘛教，是佛教的一支。主要传播于中国藏族、蒙古族等地区。喇嘛为藏语，是"上师"的意思。喇嘛教是佛教与西藏原有的苯教长期相互影响、相互斗争的产物。藏传佛教历史悠久，教派林立，发展到今天，有四个大的派别：格鲁派、噶举派、宁玛派、萨迦派。

从佛像的造型来看，显宗的佛、菩萨、金刚像的表情一般是和悦平静的，肢体正常，姿态稳定。密宗的佛、菩萨、金刚像在世人眼中，大都是表情凶恶、面目狰狞、多毛多足的。由于藏传佛教吸收了经过莲花生改造后的苯教神怪形象和印度教的影响，在绘画和雕刻上表现的是众多奇异的形象。在佛教典籍中，这些被叫作"愤怒像"、表情凶恶的形象是佛、菩萨、护法神的化身；而表情平静的形象被称为"寂静佛"。"愤怒像"的愤怒不仅仅是针对魔鬼，而且还针对妨碍修法的佛学上称为"无明"的邪魔。因此产生了很多骑着马、牛、羊等动物，并手持刀枪剑戟的绘像或者形态各异的塑像，这些不可胜数的形象代表着佛法的威严和佛界的神威。

在这里，一切都氤氲着虔信的氛围，让人流连忘返；在这里，人们能受到精神的洗礼。在这座浓缩着西藏千年的历史和文化成果的建筑群里，听着那诵读千年的六字箴言，那些璀璨的珠宝、长明的酥油灯、幽深的廊道、精美的壁画、众多的塑像、一座座雄伟的殿堂……都浸透着纯粹、圣洁的光芒。

❖ 布达拉宫

Part.02 第二章

消失的**巴比伦古城**

作为"四大文明古国"之一的古巴比伦（约公元前 3500 年—公元前 729 年）位于美索不达米亚平原，是世界上著名的古国和人类文明的发源地之一。巴比伦古城曾是古巴比伦王国和新巴比伦王国的首都。

巴比伦古城位于伊拉克首都巴格达以南 90 千米处，幼发拉底河右岸，是与古代中国、印度、埃及齐名的人类文明发源地。"巴比伦"的意思是"神之门"，巴比伦古城建于公元前 2350 年，开始的时候只是一个小村庄，因为地处交通要道，经过不断的发展，成了幼发拉底河和底格里斯河两河流域的重镇。后为古巴比伦王国和新巴比伦王国首都，在此期间，该城还先后成为其他王国的首都。

自从古巴比伦国国王汉穆拉比死后，外族不断进攻巴比伦，在 500 多年的战乱后，直到公元前 7 世纪末，才由尼布甲尼撒建立起新巴比伦王国。然而，新巴

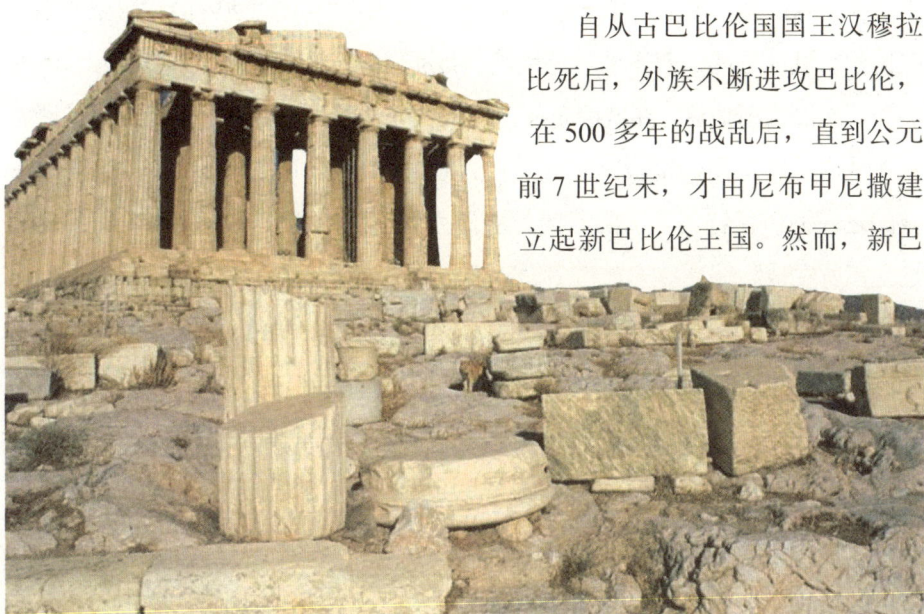

❖ 巴比伦古城

比伦王国在 88 年后又被波斯人彻底毁灭。自此，显赫一时的巴比伦古城，也日渐消逝在历史之中了。现在我们看到的古城遗址其实是新巴比伦王国尼布甲尼撒二世在位时建造的巴比伦城，规模极其宏伟。

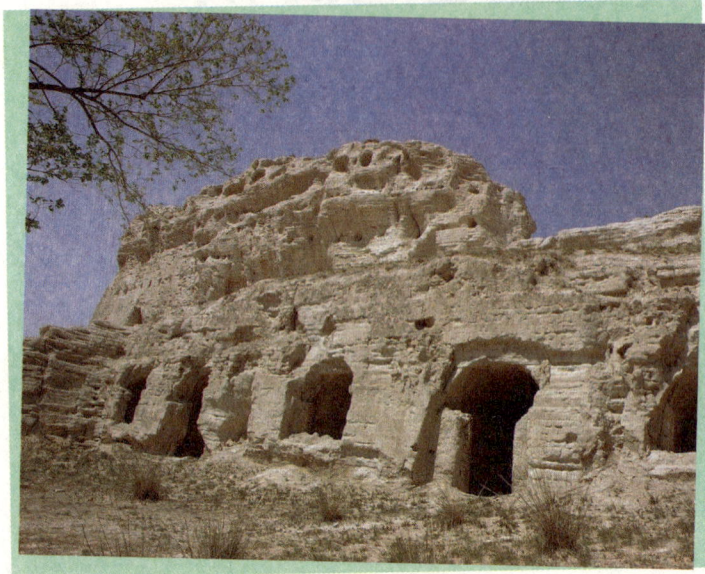

巴比伦古城是当时两河流域的政治、经济和文化中心，全城总面积高达 1 万公顷。希腊历史学家希罗多德名著《历史》一书中曾详细记录了巴比伦城的盛况：整座城被幼发拉底河自北而南贯穿着，河的东面是老城，宫殿和神庙大多也在这里。巴比伦古城墙高达数十米，高大厚实，多设有雄狮、雄牛、神龙等浮雕，在经历几千年的磨蚀后仍然栩栩如生。巴比伦古城的城墙是双重的，外墙的长度是 16 千米，内墙长 8 千米，墙下面被深深的壕沟围护着。在城墙东面，建筑有一道防护土墙，形成三重保护墙。

城内街道均用砖铺设，十分宽广，道路上铺着沥青，仪仗大街通向八座城门之一的伊什特门，街的西面耸立着南宫，街东为宁马克神庙，街的北面是主宫所在地。

南宫是国王的主要宫殿，长 300 米，宽 190 米，由五所庭院和金銮殿组成，被誉为"古代世界七大奇迹"之一的巴比伦空中花园就坐落在南宫内。"空中花园"是在宫殿楼房的顶部砌筑成的台阶式花园，里面种着花草树木以供观赏。据传说，这座空中花园是尼布甲尼撒二世为他的妃子建造的。他的妃子是米提王齐亚库萨雷的女儿，来自绿水青山、草木繁茂的山区，适应不了巴比伦枯燥的生活环境，因此经常怀念家乡。国王为了消除她的思乡之情，便模仿她的故乡风光和当时盛行的宗教建筑大神坛建造起了这座别具风格的花园建筑。

在主宫的遗址中，现存一座雄狮足踏人的巨石雕刻——著名的巴比伦雄狮，这是用巨大岩石块雕琢而成的，狮身长度在 3 米左右，宽近 1.5 米，高约 2 米，屹立在一块长方形的石块上，狮爪下踩着一个石头人。它象征着古代阿拉伯人勇敢无畏的英雄气概。

埃萨吉纳大庙及所属的埃特梅兰基塔庙宏伟高大，是城中的主要建筑。塔庙高度为 91 米，基座每边长 91.4 米，上有七层，最顶层是蓝琉璃小庙。据《圣经》中的故事，由于耶和华把人类的语言弄乱了，所以人们没能造成通天的巴别塔。

公元前 460 年，也就是这座塔建成 150 年后，古希腊历史学家希罗多德在游览巴比伦城时，对这座已经受损的塔仍是赞不绝口。在他的笔下，通天塔被描述为建在八层巨大高台上的建筑，这些高台从下到上，越高越小，最上面建着马尔杜克神庙。墙的外面修建着绕塔而上的螺旋形阶梯，直达塔顶；楼梯的中部设置着一些座位，可供歇息。塔基每边长 90 米，塔高约 90 米。19 世纪末期的考古学家科尔德维经过实际的测量和推算，塔基边长约 96 米，塔和庙的总高度跟塔基相当，也是 96 米。巴别塔是当时巴比伦国内最高的建筑，在任何地方都能看到它，所以又被人们称为"通天塔"。也有人称它是天上诸神前往人间住所途中的踏脚处，是通天路上的休憩场所。

❖ 巴比伦文明

两河流域文明：两河流域文明又称美索不达米亚文明或两河文明，是指在两河流域间的新月沃土（底格里斯河和幼发拉底河之间的美索不达米亚平原）所发展出来的文明，比如说发明了世界上第一种文字——楔形文字，建造了第一个城市，编制了第一种法律，发明了第一个制陶器的陶轮，制定了第一个七天的周期等，是西亚最早的文明。主要由苏美尔、阿卡德、巴比伦、亚述等文明组成。

如今伊拉克政府在遗址上仿建了一座高约4米、宽2米多的城门，门的上面修建着拱形顶盖，两边与残破而高大的旧城墙相连。城门内设有陈列着巴比伦文物的博物馆，其中两件展品最为珍贵：一件是巴比伦古城全貌的模型；另一件是一座两米高的黑色闪绿岩石碑，碑的上半部刻着太阳神将权标授予汉穆拉比的情景，下半部用楔形文字刻记了古巴比伦王国国王汉穆拉比制定的世界上第一部法典《汉谟拉比法典》的全文，约8000字，282条。石碑的原型现在在巴黎卢浮宫博物馆，这里陈列的是复制品。

❖ 巴比伦古城遗址

Part.02 第二章

空中花园之谜

四大文明古国之一的巴比伦王国国王尼布甲尼撒二世，在公元前 6 世纪为他的王妃安美依迪丝修建了一座震惊世界的建筑——巴比伦空中花园，它被列为古代世界七大奇迹之一，现如今已经不存在了。

从远处望去，花园仿佛悬在空中，因此又被称为"悬苑"。当然，空中花园不可能真的是建在空中的。关于空中花园，有一个美丽动人的传说。

◆ 空中花园遗址

美丽的传说

当新巴比伦国王尼布甲尼撒二世娶了米底的公主米梯斯为王后之后，由于人生地不熟，时间久了，米梯斯就得了思乡病，整日愁容满面。米梯斯美丽动人，深得尼布甲尼撒二世的宠爱。尼布甲尼撒二世不知道是什么原因，就问米梯斯，米梯斯说："我的家乡是群山峻岭，草木丛生。而这里是一望无际的平原，连个小山丘都没有，我十分想念家乡的一草一木啊！"

于是，国王尼布甲尼撒二世令工匠按照米梯斯家乡的景色，在巴比伦的宫殿里，建造了一层层的阶梯形花园，花园里栽满了奇花异草，并在园中修建了幽静的山间小道，潺潺流水穿过其中，花园中央还修建了一座高高的城楼，仿佛矗立在空中。巧夺天工的园林景色，深得米梯斯公主的欢心。由于花园比宫墙高，给人感觉就像是悬挂在空中，因此被称为"空中花园"，又被称为"悬苑"。

❖ 空中花园遗址

当年到巴比伦城朝拜、经商或者旅游的人们，在很远的地方就可以看到空中城楼上的金色屋顶，在阳光下熠熠生辉。由于幼发拉底河连年泛滥和连年战争的破坏，到了公元2世纪，巴比伦古城已经沦为废墟，空中花园也早已坍塌消失，我们只能通过后世的历史记载和近代的考古发掘来了解"空中花园"。

空中花园的遗址

19世纪末，德国考古学家发掘出了巴比伦城的遗址。当他们在发掘南宫苑时，发现了一个不同寻常的建筑——有一半掩埋在地下，近似长方形，面积大约有1260平方米。这个建筑是由两长排小屋组成，每个小屋平均只有

6.6平方米。两排小屋中间是一个长廊，对称布局，周围被又高又厚的围墙环绕。而在西边那排的一间小屋中发现了一口开了三个水槽的水井，其中一个水槽是正方形的，另外两个水槽是椭圆形的。根据考古学家的分析，这些小屋可能是水房，而那些水槽则是用来安装压水机的。因此，这个地方很可能就是传说中的"空中花园"的遗址。

从这些发掘和历史记载，我们可以看出空中花园是建在皇宫广场的中央，外形是一个四角锥体形的土丘，底边长各400米，高15米。每层平台也是一个花园，由拱顶石柱支撑着，台阶是用石板铺成的，上面还铺有芦草、沥青、硬砖及铅板等材料，目的是为了防止上层水分的渗漏。同时泥土的厚度很厚，足以使大树扎根。最上方的平台只有0.7平方米左右，但高度达到105米（相当于30层楼高），因此远看就像一座小山。

❖ 空中花园遗址

花园里还有一套先进的灌溉系统，建造有大型的水槽，通过水管，可以随时提供给植物适量的水分。有时候，也会用喷水器进行人工造雨。在花园的低注处建有许多房间，从窗户可以看到成串滴落的水帘，在炎炎烈日的夏天，也能感到非常凉爽。因此，在平坦、干旱只能生长一些耐盐灌木的土地上，能够出现一片令人惊叹的绿洲。

■ Part.02 第二章

因爱情而生的泰姬陵

> 泰姬陵是莫卧儿王朝（1526—1757年）第五代皇帝沙贾汗为纪念其早逝的爱妻阿姬曼·芭奴而建造的，是一座伊斯兰风格的建筑。

泰姬陵的美丽故事

它坐落在印度新德里东南200千米处的古城阿格拉。据说，阿姬曼·芭奴年轻的时候，美丽聪明，多才多艺。有一天在庭院里观赏一颗美丽的钻石时，沙贾汗与她不期而遇，并且被她天仙般的美貌所倾倒。

1612年，沙贾汗迎娶了阿姬曼·芭奴，并在宫中举行了盛大的婚礼。沙贾汗册封她为"泰姬玛哈尔"，意思是"宫中的明珠"。此后，无论沙贾汗在外征战还是因罪被放逐，她都一直

❖ 泰姬陵

伴随同行。1631 年，泰姬在陪伴沙贾汗远征时，因难产而死，年仅 38 岁。临死时，泰姬向沙贾汗提出了两个愿望：一是要求沙贾汗不再续弦；二是为她建造一座陵墓，以纪念他们真挚的爱情。

沙贾汗依照泰姬生前的愿望，建造了这座 300 多年来一直被后世赞美的陵墓。沙贾汗本来打算在朱穆那河的北岸正对泰姬陵的地方再建造一座黑色大理石陵墓，作为自己的陵墓，并且计划修建一座桥以使两陵相连。这样的话，使一黑一白两座陵墓可以隔河相望，永生永世相伴而眠。

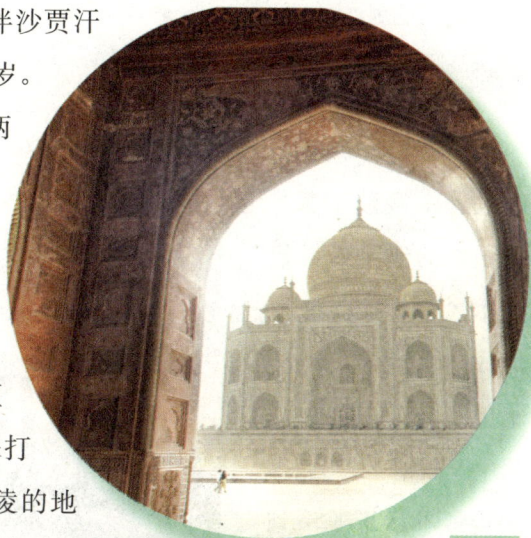

❖ 泰姬陵

可惜，他的梦想破灭了。

1658 年，沙贾汗的儿子奥朗哲布突然发动宫廷政变，夺取了皇位，把沙贾汗软禁在阿格拉红堡中的一间面临朱穆那河的房间里。通过房间的窗户，沙贾汗可以望见不远处泰姬陵美丽的身影。就这样，在看着泰姬陵八年之后，这个晚境悲惨的老人去世了。

临终前，沙贾汗曾要求仆人把一面小镜子悬挂在床对面的墙壁上，让他可以从镜子里清楚地看到泰姬陵。当他死后，人们发现他的头已经向那面小镜子的方向低过去了。人们把他的石棺也放置在泰姬陵内，使他俩能永远相守在一起。

神奇的爱情，可以让懦夫变得勇敢，也可以让暴君变得温柔。沙贾汗和泰姬这段刻骨铭心的爱情让我们看到了一个穷奢极侈的君王对心爱的女人最痴情的一面。泰姬陵，象征着坚如磐石的爱情，也述说着一段伟大的修筑过程。为了一个女人，耗费巨大的人力和财力，沙贾汗的功过是非，他在人民心目中，是一个昏君还是一个重情之人，只能由后人去评说了。

泰姬陵的艰难建造之路

1632 年，泰姬陵开始动工修筑，在 1653 年完工，前后共花费了 22 年的时间。泰姬陵汇集了世界各地的建筑材料和艺术风格。沙贾汗不惜成本从世界各地征集能工巧匠，比如说从中亚聘请了雕刻工，从美索不达米亚请到了书法家，从乌兹别克征来了造尖穹的匠师，还从佛罗伦萨请

❖ 泰姬陵

到了宝石雕镶匠……此外，从印度和巴基斯坦运来大理石，从中国运来玉石和水晶，从阿富汗运来青金石，从埃及运来橄榄石等，收集了世界上各国的建筑材料。据说这个浩大的工程总共有 2 万多人参与，都是劳动人民的血泪铺就的。

泰姬陵坐落在美丽的朱穆那河岸边，长 576 米，宽 293 米，占地约 17 万平方米，四周以红沙石砌成的围墙。陵园入口是一座气派非凡的门楼，上面建有 22 个象征陵园建造时间的小圆顶。门楼里面是一个绿荫成林的庭院，整体气氛幽雅、宁静。从远处看，泰姬陵就像一座童话里的城堡，白色的大理石泛出片片光辉。

过了庭院，迎面而来的是第二道大门。大门后面有一条笔直的水道，水道中间有另外一条水道与它呈十字形交叉，在交叉处有一个一个的喷泉。水道两边是由红石铺成的直长甬道，直接通向泰姬陵。漫步在碧波相伴、绿色环绕的甬道上，感觉就像是一步一步地迈向一个神圣无比的地方。

再往里面就是那座动人心魄的泰姬陵了，它倒映在水中，犹如一座水中城堡，更显洁白和神圣。

莫卧儿王朝：莫卧儿王朝是成吉思汗和帖木儿的后裔巴卑尔自乌兹别克南下，入侵印度建立的帝国。"莫卧儿"意即"蒙古"。在蒙古帝国的全盛时期，领土几乎包括了整个印度次大陆，以及中亚的阿富汗等地。莫卧儿王朝的官方语言是波斯语，但是统治者是信奉伊斯兰教，有察合台汗国的蒙古贵族血统的突厥人。

泰姬陵墓边长近 60 米，建在一座边长约 95 米的正方形大理石高台的正中间，整个陵墓全是用洁白的大理石筑成，墓顶是一个巨大的穹顶，穹顶上面是一座金色的小尖塔，直指蓝天。四周有四座小圆顶凉亭环绕着大穹顶，十分匀称和谐，相映成趣。周围四角还有高达 40 米白色大理石的三层塔，它们是陵墓的卫士，恭顺地守护着陵墓。

在拱形大门上刻着半部《古兰经》的经文，象征着智慧之门。墓室中央放着泰姬和沙贾汗的两具石棺，上面镶嵌着的宝石，闪闪发光。寝宫门窗及围屏也都是用白色大理石镂雕而成的菱形带花边的小格，美轮美奂。

整个泰姬陵在喧嚣的城市中，显得那么寂静和高贵。曾经，陵园里面树木花草苍翠欲滴，流水喷泉清澈见底，陵墓建筑洁白明丽……如今，随着印度工业化的发展，泰姬陵因此遭受酸雨侵蚀，乳白色的大理石外墙出现了黄斑，墓室生出了小孔，白银大门也开始变黑。泰姬陵附近的朱穆纳河也污染严重，河中化学物质含量偏高。生态学家建议在泰姬陵周围栽种桑树来吸收二氧化硫。印度政府开始大量栽种桑树，并成立泰姬保护区。

泰姬陵

Part.02 第二章

令人敬仰的仰光大金塔

仰光是东南亚国家缅甸的首都，这里是热带地区，风景如画，景色宜人。在一片片的绿树丛林中，有两个清澈如镜的大湖——皇家湖和茵雅湖。举世闻名、宏伟壮丽、璀璨华贵的仰光金塔就矗立在茵雅湖畔丁固达拉岗上。

仰光金塔是一座佛塔，又称瑞光大金塔，建于公元前6世纪。佛塔上的风铃在微风拂过的时候，飘荡着悦耳的声音，再加上阵阵悠长的钟声，仿佛心头闪过一道佛光，让人感到意境非凡。关于塔的修建缘由，其实有着一段与佛祖释迦牟尼相关的神圣传说。

大金塔的神圣传说

公元前585年，印度大旱，发生饥荒，科迦达普陀兄弟俩载着大量的大米去救济灾民。有一天，他们在一棵菩提树下，巧遇了佛祖释迦牟尼。于是，他们向佛祖敬献了礼物，佛祖赐给了他们八根头发。佛祖告诉他们，这八根头发要与埋在丁固达拉山岗的另外三佛舍利一起埋葬。那三佛舍利指的是拘留孙佛的法杖、拘那含佛的滤水器与迦叶佛的袈裟。科迦达

◆ 仰光大金塔

普陀兄弟俩在其他佛的帮助下找到了三佛舍利，把三佛舍利和佛祖的八根头发放在红宝石盒中埋在一处，并在上面修建了佛塔以供人敬拜，这就是仰光金塔的前身，所以金塔又称为"四佛舍利塔"。四佛舍利同葬一处的传说，也使得金塔成为佛教徒的一个圣地。因此，2000多年来，金塔香火不断，闻名世界。

仰光大金塔刚开始建时仅19米高，方圆只有16米左右。1450年，勃固王勃尼亚扬重修金塔，将金塔增高至92米。

1453年登基的缅甸历史上唯一的女王信修浮与其女婿达摩悉提王对金塔进行了一次大规模的修葺，把塔基重新用石块修砌，并在金塔四周建上佛亭，铸造了一口200多吨重的铜钟。

1492年，女王信修浮孙子勃尼亚金道在大塔四周修筑了48座小塔。

16世纪前期，东吁王朝国王给大金塔贴金、升伞。

1581年，阿瓦王朝的南达勃因王在佛塔基部建了金银伞形花塔，并献上了嵌有2000颗红宝石的顶伞。

1777年，信古王在塔基、塔坛四周建佛殿，并铸造了四尊五合金佛像，后来他还在金塔西北面铸造了一口25.6吨重的铜钟。

1871年，敏东王为大金塔重修了宝伞，今天人们看到的大金塔上的宝伞就是这顶宝伞。

第二次英缅战争开始后的80年中，大金塔曾一度被英国人占领。1929年，缅甸人民经过不懈的斗争，终于把大金塔收回到了缅甸人手中。

如今，缅甸有一个专门管理委员会负责募捐善款，修缮金塔。每隔3～5年就会为金塔贴金整修一次。大金塔经历岁月的浸洗，记录着缅甸人的历史，它不仅包

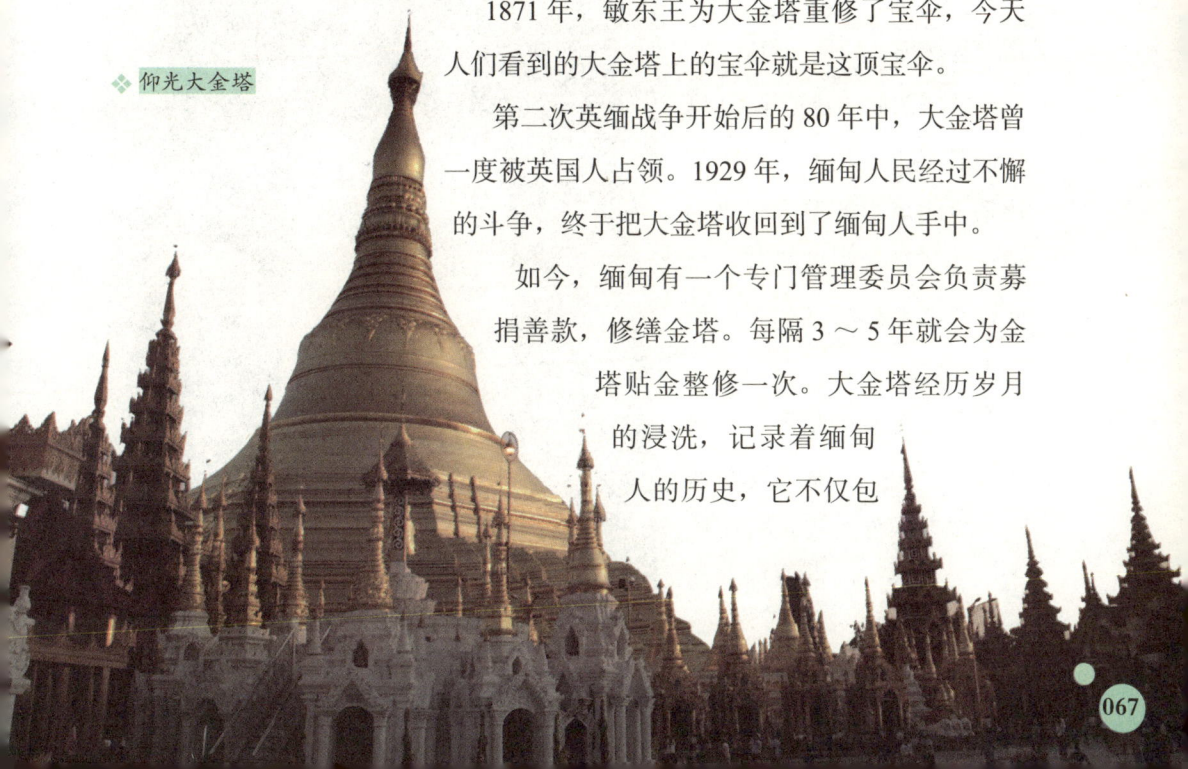

◆ 仰光大金塔

含着缅甸人那份对自身信仰的热情与执着，如今更已成为缅甸人的民族象征。

大金塔的宝藏

缅甸素有"佛塔之国"的美称，无论是在繁华的城镇，还是贫困的农村，到处都可以看见佛塔。大金塔则是众多佛塔中最令人敬仰的，大金塔高99米，加上基座共113米。塔基为十字折角形，装饰着无数的水平线脚，总周长是435米。四周被墙包围着，有着东西南北四处入口，每座入口门前各有一对石狮。南门是主要的入口，游客可以通过电梯进入。台基四角各有一座小型的石塔，中间是大金塔本身，大金塔的塔身是由砖砌成的，像一口倒扣在地上的巨钟。主塔上端部分以纯金箔贴面，整体贴了纯金箔1000多张，所用的黄金就达到了7吨多重，堪称世界奇迹。塔顶有一把宝伞，是金属材质的，重1250千克，宝伞下镶有5448颗钻石和2000颗宝石，顶端还有一颗大钻石，重76克拉。在宝伞上还悬挂有1065个金铃和420个银铃，微风吹过，叮当悦耳。在阳光照耀下，整个金塔金碧辉煌，灿烂夺目。

金塔四周还建造了64座姿态各异的小塔和4座中型佛塔，佛塔内的壁龛里供奉着大小不一的玉雕佛像。这些佛塔四角均有缅甸式的狮身人面兽。

大金塔的东北角有一口约40吨重的古钟。他们认为，每做一件善事，只要撞击一下古钟，就可以把公德

❖ 仰光大金塔

佛塔：佛塔也被称为宝塔，还有人称为浮屠。佛塔是佛教的象征。古代印度最早建塔是为供奉和安置释迦牟尼的舍利、佛教经文和各种法物，供人们纪念崇拜。据佛教文献记载，佛陀释迦牟尼涅槃后火化形成舍利，被当地八个国王收取，分别建塔加以供奉。

与大家分享。金塔四周的铜钟有 29 座。当钟声响起的时候，低沉浑厚的钟声传达的是信徒们虔诚的祝福和祈愿。

大金塔的东南角种有一株菩提树，相传是从印度释迦牟尼金刚宝座的圣树苗移来的，枝叶繁茂，神秘十足。在塔基的四周还有 44 个伞形花塔，82 座穴亭以及各种大小佛殿。这些建筑错落有致，与主塔和谐共生，浑为一体，整个建筑群都显得庄严宏伟。

在佛廊、佛殿和佛亭上，都饰有精美的浮雕和绘画，画中的佛像、神怪异兽形态也是各不相同，有的肃穆端庄，有的狰狞可怖，有的憨厚可掬……这些都有力地展示了缅甸人高超的艺术水准和宗教艺术独有的魅力。

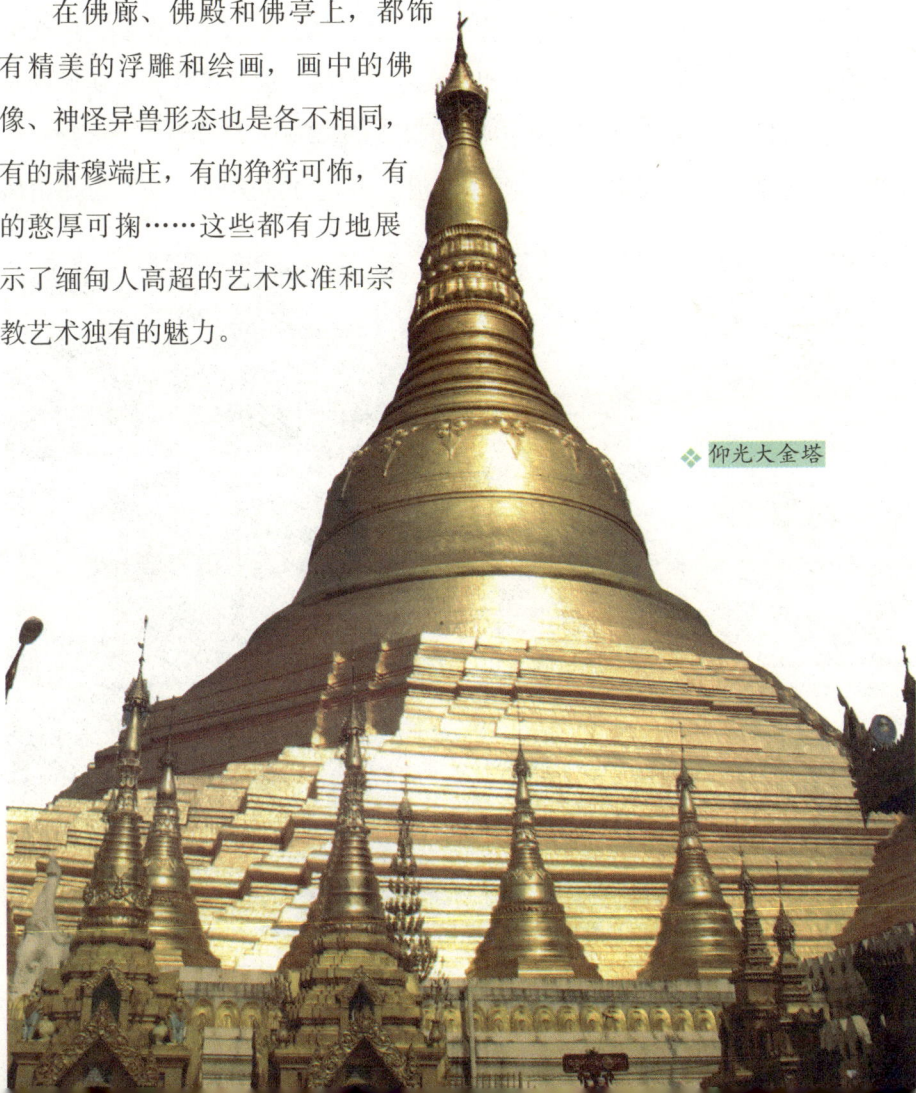

◆ 仰光大金塔

Part.02 第二章

广西花山崖壁画

广西是一个风景秀丽的地方，美丽而又神秘的花山崖壁画就位于宁明县驮龙镇的左江岸边，它是壮族先民在春秋战国时期创造的，距今已有 2000 多年了。

狭义上，花山崖壁画是指广西壮族自治区宁明县花山的崖壁画。广义上是指先后在凭祥、龙州、宁明、崇左、扶绥、大新等壮族聚居区的左江流域各县发现的崖壁画。因为宁明县的花山崖壁画的尺寸最大、人物画像最多、内容最复杂，所以，人们把左江流域各地方的崖壁画统称为花山崖

◆ 花山崖壁画

壁画。

花山崖壁画一共有 178 处，壁画均为红色，以人物为主，还有许多动物的画像。人物的大小不一样，有的高大威猛，有的渺小，形象也不相同，有的人物似手握刀剑或弓箭骑着战马的战士在冲锋，有的是在跳舞……

花山崖壁画距离水面约有 18 米，每处壁画宽约 200 多米，高 40 多米，历经了千百年的风吹雨打，如今仍然清晰可见。它是我国壮族人民文化艺术的瑰宝，真实反映了历史上壮族人民的生活状况。

花山崖壁画的五种传说

那么，它是如何出现的呢？

第一种说法是神话传说。传说在花山的脚下有一个巨大的岩洞，洞中有无数的珍宝，壮族的祖先快乐地生活在这里。他们每天晚上都会唱歌跳舞，附近的村民也经常参加他们的舞蹈、宴会。村民们还可以仔细观赏珍宝，但是不能拿走。有一天，一个年轻的村民想偷偷地把宝物拿回家。当他离开的时候，花山上的一块巨石从山上落下并堵住了洞口。洞外的村民得知此事后，非常惊讶，为了救他，设香案贡桌，焚香祷告，请求洞中主人的原谅。为了察看村民是否真心，洞中的人把洞口打开了一个小口，并把一个金子做的锅放在那里。

花山崖壁画

村民们看到这口金锅后赶紧过去抢夺，突然金锅又回到洞内，只剩下一个金锅的锅耳在外面，村民把这一小块锅耳夺过来换成钱。这些钱正好是香案贡桌的费用。从此以后，洞口再也没有打开。洞里面的人也纷纷搬出来，居住在悬崖之上，创造了这些壁画。

第二种说法是一些历史传说或者历史记载。很多人把花山崖壁画与发生在广西的历史事件联系在一起，从汉代到清代，各个朝代的故事都有。

西汉末年，伏波将军马援曾率军在此讨伐叛军。叛军被打败后，伏波将军在花山崖上作画纪念这次战争的胜利。

❀ 花山崖壁画

唐朝末年，黄巢率领的农民起义军失败后曾逃至广西，他们躲到花山山洞中。后来，追兵将他们全部杀害在洞中，鲜血流过崖石，形成了花山崖壁画。

宋代时，广源节度使侬智高起义反对宋朝的统治。他命人在花山崖绘制操练兵马的画像，进行军事训练。

❀ 花山崖壁画

元朝末年，明军与元军在这个地方大战，最终明军大胜元军。这场战斗打得非常残酷，双方都死了很多人。为了纪念那些死去的士兵，明军在崖上作画以示后人。

清朝末年，名将刘永福和冯子材在此领兵抗击法国侵略者，这些壁画也可能是清军留下的。

从这些历史传闻中可以肯定，花山崖壁画并不是在同一个时期创作的。从壁画的绘画风格中可以发现，画中的花纹与青铜器上的花纹相类似，说明在春秋战国时期花山崖壁画已经存在了，并且受到了青铜器文化的影响。壁画中有一些文字是楷体，而楷体在唐宋时期是正书，所以花山崖壁画在唐宋时期可能已经形成了。

第三种说法是花山崖壁画描绘的是一场壮族人民庆祝大战胜利之后的场景，也可能是一种祭祀的仪

❖ 花山崖壁画

式。这种比较原始的绘画方法不仅在中国出现，在全世界很多古老的洞穴中都有。古人根据祭祀的场景，用丹砂涂在石壁上，同时将图腾和祖先的形象，部落的生活场景也描绘出来。当部落举行祭祀时，为了记录神圣的仪式，古人用丹砂涂在石壁上，时常还把战争的场景也绘制出来。

花山崖壁画中有很多大圆，大圆里面套小圆，或者大圆中有一颗星星，这与古代壮族人民所使用的铜鼓十分相似。壁画中有士兵集合图、点将图、训练图和冲锋杀敌图，等等，从这些图中，我们可以看出广西地区自古以来战争不断。比如说唐代时期黄乾在广西西原州领导的壮族农民起义，历时80余年，这次起义的规模非常大，影响也很深远。清朝时期的太平天国也在广西金田村起义，因此有人推测，花山崖壁画也可能是太平天国农民起义军用来宣传起义的一种手段。

第四种说法是当壮族的先民获得大丰收时，就会将丰收的场景画在花山崖上，祈求来年仍然风调雨顺。

第五种说法是花山崖壁画所记载的是壮族先人强身健体的武功秘笈，有很多画像中人物的动作很像是在练功。不过，壮族的古代医生确实是倡导以跳舞健身防病的，壁画展示的也可能是这种情况。

❖ 花山崖壁画

壁画建造之谜

不管哪种观点是正确的，既然花山崖壁画已经存在了几千年的时间，而且不是在同一个时期完成的，人们在花山崖上并没有发现劈凿的痕迹，也就是说，古人并没有搭建塔架在悬崖上绘画，那么古人是如何在这悬崖峭壁上作画的呢？

知识小链接

左江斜塔：原名归龙塔，是一座砖塔，位于崇左县城东 2 千米处，是世界八大斜塔之一，建在左江中的石头岛——鳌头峰上。该塔是明代知府李友梅于天启元年（1621年）建造，当时建了三层。清代康熙三十五年（1629 年），知府徐越加建两层，成为五层砖塔，塔底直径 5 米，塔身高 18.28 米，塔身呈八角面体。塔内有螺旋形阶梯通塔顶。整个塔身向外倾斜 1 米左右，俗称斜塔。

如果是从水面上进行绘画的，那么离水面如此高的距离，即使建塔架也无法完成。不过，不少人认为左江的水位在几千年前应该很高，壮族先人可能是乘船在山壁之上作画。历经几千年的地质演变，水位下降，最终变成现在的样子。还有一些人认为是古人从山顶之上制造了特殊的机械装置，可以让人自由升降。这些推测一直没有找到科学的证据，所以这些壁画的形成成了千古之谜。

第三章
伟大的欧洲文明

古希腊是西方欧洲历史的源头，持续了约650年（公元前约800年—公元前约146年）。位于欧洲南部，地中海的东北部，包括今巴尔干半岛南部、小亚细亚半岛西岸和爱琴海中的许多小岛。公元前5、6世纪，希波战争以后，希腊的经济生活高度繁荣，产生了光辉灿烂的希腊文化，古希腊人在哲学思想、科学、历史、建筑、戏剧、文学、雕塑等诸多方面有很深的创造，对后世有深远的影响。

■ **Part.03** 第三章

欧洲文明概况

> 很多人都对欧洲深厚的文化底蕴感兴趣，但是不少人对于欧洲人类的起源并不十分了解。

当直立人和尼安德塔人在现代人类——智人出现后即从非洲移居至欧洲。最早的欧洲人骨骼在格鲁吉亚达马尼斯发现，距今已经有 180 万年之久。最早的生物学认为现代欧洲人出现于公元前 35 000 年。经历史学家和考古学家研究表明，早在公元前 7000 年就已经在巴尔干地区有欧洲人定居的痕迹。北欧部分地区在公元前 5000 年—公元前 4000 年到达新石器时代。然而

❖ 古堡

古罗马：古罗马通常指从公元前9世纪初在意大利半岛中部兴起的文明，历经罗马王政时代、罗马共和国和罗马帝国时代，在公元1世纪前后通过不断的征战，扩张成为横跨欧洲、亚洲、非洲，称霸地中海的庞大罗马帝国。公元395年，罗马帝国分裂为东西两部分。公元476年，西罗马帝国被灭亡。1453年，东罗马帝国（即拜占庭帝国）被奥斯曼帝国所灭。

直到公元前5508年—公元前2705年的库库特尼—特里波里文化出现，才标志着欧洲最早的大规模文明登上历史舞台，这也是世界最早的文明之一。

意大利卡莫尼卡河谷诞生卡慕尼文明是从新石器时代之后，此时留下了欧洲最多的、超过35万幅的壁画。

欧洲曾经历过一段变化和混乱交错的时期，历史学家称其为铜器时代，也叫青铜时代。其中最具代表性事件是中亚民族大举迁徙和入侵欧洲。目前主流学者认为他们是原始印欧人，但这种说法存在争议。其他现象的出现也为这一说法提供了部分佐证，比如巨石崇拜的转变，首次出现阶级差别，以及与此相关的在巴尔干地区的第一个已知的君主制政权的建立。在众多文明中，克里特岛上的米诺斯文明、希腊邻近地区的迈锡尼文明，都在欧洲文字中有所记载，它们在公元前2000年早期就出现了。

虽然早在公元前1100年爱琴海地区的人就已经懂得使用铁器。但是直到公元前800年，该技术还没有传播到中欧。可能的原因是这项技术的优越性使得印欧人不久之后在意大利和伊比利亚站稳了脚跟，使得它们的足迹深入这两个半岛（罗马建立于公元前753年）。当代欧洲的语言、思想、法律和思维方式被当时的希腊人和罗马人影响至今。

❖ 恺撒门

由于古希腊是一群城邦的集合，各种文化百家争鸣，并从中发展出了早期的民主制度。雅典古希腊时期是最强大和最发达的城邦，从伯里克利时代开始就成了知识的摇篮。公民论坛提供了可以畅所欲言的机会，很多国家政策的辩论和立法的开展都在此时得到发展，当时最著名的古典哲学家们从中产生，如苏格拉底、柏拉图和亚里士多德，亚里士多德还是亚历山大大帝的老师。亚历山大是希腊马其顿王国的国王，他通过军事征战，把希腊文化和知识一直传播到印度河边。

伴随征服而成的罗马帝国，传承了希腊的文明，雅典本身也被归入元老院和罗马人民的管制之下。罗马从阿拉伯一直扩张到不列颠群岛。

然而在公元前44年，当罗马到达鼎盛时，领导人尤利乌斯·恺撒被元老院怀疑破坏共和意欲独裁，而被刺杀身亡。在随后的政治争端中，屋大维收买了罗马元老院，篡夺了权力。然后罗马由一个共和国转变成了帝国，欧洲文明在此时走向顶峰。

❖ 古堡夜景

Part.03 第三章

无处安放的**宙斯**神像

提起古希腊神话中的诸神之首——宙斯，应该有很多人都耳闻过他的英雄事迹。希腊奥林匹亚城就屹立着宙斯神像，它出自古希腊雕刻家菲迪亚斯之手。

宙斯神像是当时安放在神殿内最大的神像。然而这座神殿在公元 5 年被大火烧毁。宙斯神像侥幸被运到君士坦丁堡而幸免于难，但最终也难逃厄运，在公元 462 年被大火烧毁。

神殿表面的建筑材料是灰泥的石灰岩，神殿的顶部是用大理石兴建的，由 34 条约高 17 米的科林斯式支柱支撑着神殿，神殿面积为 41.1 米 ×107.75 米，属于多利斯式的建筑。神庙的石像都是用派洛斯岛的大理石雕成。庙内西边有很多雅典风格的雕像出现在人字形檐饰上。不知道宙斯是不是喜欢这样的建造？据说当菲迪亚斯建造雕像时，曾亲自到奥林匹斯山征求宙斯的意见，宙斯降下霹雳闪电，打裂神庙铺道，作为回应。建造者采用'克里斯里凡亭'

❖ **宙斯铜像**

❖ 宙斯神殿

技术来打造神殿主角"宙斯"，即在木质支架外加象牙雕成的肌肉和金制的衣饰，木底包金的宝座，镶嵌着乌木、宝石和玻璃，整个工程历时八年完成。

在诸多历史书中皆有对于宙斯神像的记载，而在旅行家沙尼亚斯巴的一书中，对宙斯神像更是做了详细的描述，书中记载："宙斯神像主体为木制，身体裸露在外的部分贴上了象牙，衣服披上了黄金。头戴橄榄枝编织的皇冠，右手握着象牙和黄金制成的胜利女神像，左手擎着一把镶有各种金属打造的权杖，杖顶停留着一只威风的鹫。"在神像头上与头后，分别立着"典雅三女神"和"季节三女神"（春、夏、冬）塑像；腿和脚饰有舞动中的胜利女神与人头狮身史芬克斯以及希腊其他诸神装饰。神像底部宽 6.55 米，高 1 米，整座神像约高 13 米。神像身后挂着的布幔是由耶路撒冷神庙劫掠而来的。菲迪亚斯精密地计算着四周的变化，甚至包括由神庙大门投射到雕像的光线，目的是为了令神像的脸容更为美丽光亮。他在神像前建造了一座很大但是很浅的橄榄油池，里面镶满了黑色的大理石，利用橄榄油将光线反射到神像上面。矗立期间经常有工人前来擦拭象牙，这些人被称为"菲迪亚斯抛光工人"。

尽管宙斯像的构成材料、年代背景和装饰用的雕像都可以找到详细资料加以说明，但是菲迪亚斯的作品风格众说纷纭。根据古代文献记载，菲迪亚斯雕塑神像的技术能使神像具有高不可攀的庄严气概，并且在当时已达到巅峰。特别是对宙斯像的处理方面，在普通的宗教形象外，还增添了独特的风格。为了理解这些话的真正内涵（菲迪亚斯神像雕塑的原作至今已全部遗失），多年以来，许多专家学者都曾对菲迪亚斯神像的复制品做过单独研究，宙斯：希腊神话中的主神，第三代神王。是克洛诺斯和瑞亚之子，乌拉诺斯和盖亚之孙。奥林匹斯山的最高统治者，众神之首，掌管天界，奥林匹斯的许多神灵和许多希腊英雄都是他和不同女人生下的子女。他以雷电为武器，维持着天地间的秩序，公牛和鹰是他的标志。他的兄弟波塞冬和哈迪斯分别掌管海洋和冥界，女神赫拉是宙斯的一位妻子。

希望能找出这些神像的共同特点。他们非常留意雅典巴特农神殿的雕像，据说菲迪亚斯负责监制这些雕像。当然，依据当前掌握的资料似乎很难断定，菲迪亚斯曾亲手雕过哪一件塑像。因为他既要担任监制工作，还要负责雕塑神殿内的阿西娜像，肯定异常忙碌，不过，根据现有的材料，可以推测出很可能所有雕像的设计和全部风格都由菲迪亚斯一人决定。在众多作品中，最接近菲迪亚斯风格的莫过于庙内东边横饰带上的神像。这些神像能够在早期的严肃风格与后期轻松及精巧的风格之间取得巧妙的平衡，着实不易。

整座神像及宙斯所穿的长袍都是由黄金制成，而他所坐的宝座则以狮身人面像、胜利女神及神话人物加以装饰，该宝座的底座宽 6.5 米，高 1 米，神像则约高 13 米，其高度相当于四层楼房，使坐在宝座上的宙斯头部差不多顶着神殿最高处。位于奥林匹亚的神殿在公元 5 年被大火摧毁，尽管宙斯神像因被运到君士坦丁堡而幸免于难，可神像最终亦难逃厄运，这样一件难得的旷世之宝就这样在公元 462 年被大火烧毁，给后人留下莫大的文化损失和精神遗憾。

❖ 宙斯神殿

残破的古罗马竞技场

在人类历史上，罗马帝国曾经占有非常重要的历史地位。英国历史学家吉本在《罗马帝国的衰亡》一书中曾描述："罗马帝国在图拉真、哈德里安和马库斯·奥里利厄斯的统治下，拥有地球上最美的、人类最文明的土地。"

在罗马这片古老的土地上，诞生了举世闻名的古罗马斗兽场——科洛西莫斗兽场，这座混凝土建筑在公元 75 年—公元 85 年间落成，曾经接待过成千上万、如痴如狂的观众。在帝国衰落之后，这里沦为采石场。然而，即便成为废墟，诸多罗马建筑的遗迹仍可激起人们无限的感动和强烈的精神震撼。时至今日，置身竞技场中，仍能感受到四周回荡着狂野的激情和热烈的掌声以及刺耳的尖叫声。

古罗马城作为历史悠久、辉煌伟大的"永恒之城"，最初建在七座漂亮的山上，当今天的罗马人说"罗马不是一日建成的"这句世人皆知的俗语的

❖ 古罗马竞技场遗址

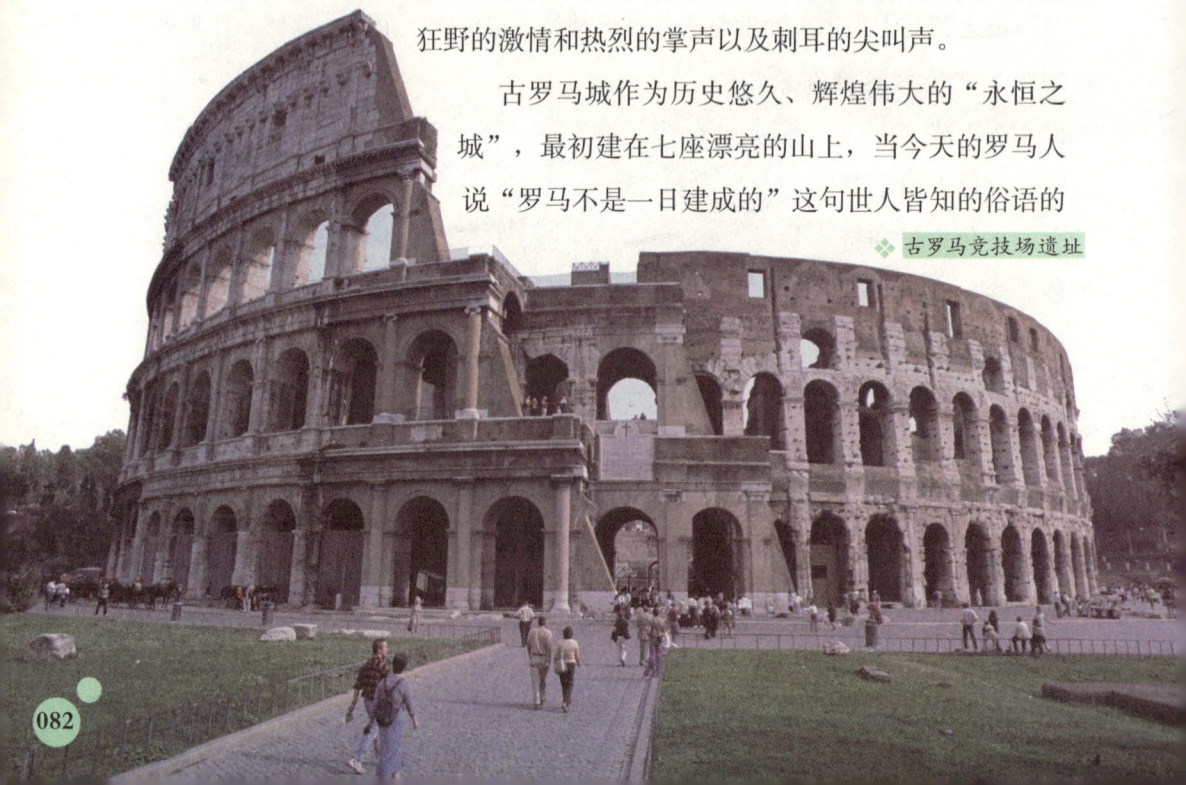

时候，我们能隐约感受到他们在表达着祖先留给他们的骄傲。

罗马的节日

在当时的罗马帝国时代，为臣民提供公共娱乐活动是皇帝的职责之一。然而在那个时代只有极其富有的家庭才有资格在家娱乐，普通百姓则必须在外面娱乐。因此罗马当时全城遍布着浴场、剧院和运动场。那时候的罗马人在娱乐活动方面表现出的多样化，为全世界人民提供了举世无双的范例。以至于今天的很多地方仍然把最丰富多彩的节日称为"罗马的节日"。

但对于血气十足的罗马人来说，剧场中表现出的竞技活动是所有娱乐场中最具吸引力的。

一般的剧场是用来演出戏剧的，背景的作用在于吸引观众，当时的演员必须背靠背景、面向观众，因此，仅有部分的观众环绕他们。但是，罗马人并不满足这样的娱乐形式，他们需要观看到角斗士的搏斗、人与野兽的厮杀、野兽之间的撕咬，就像看足球比赛一样真实刺激。因此，罗马人发明了适合观看的建筑形式：把两个剧场合并成一个椭圆形的剧场——竞技场。此类建筑的典型代表是科洛西莫竞技场。它拥有庞大的形体，周长 500 米，高度超过 55 米，其建筑材料是用碎砖、小块的岩石、火山尘埃、石灰和

◆ 古罗马竞技场遗址

水制作而成的混凝土。

公元 2 世纪，罗马人就已经开始使用混凝土了，廉价的、坚固的、适应性强的混凝土为罗马人创造出希腊人想都想不到的巨大建筑提供了可能性。

讲究实用的罗马建筑

罗马人的建筑才能不光在实用性上得到体现。科洛西莫的装饰也曾被详细地研究过，拱门内的雕像、拱廊上的希腊风格的装饰都展现出了极其震撼的艺术美感。在最底层是陶立克式的半圆柱，第二层是爱奥尼亚式半圆柱，第三层又附加了科林斯式的半圆柱；最顶层则附加科林斯壁柱。奇怪的是，这些柱式并不支撑任何东西，它们的作用归纳起来有两个方面：第一，罗马人用自己的建筑显示出对希腊建筑元素的借用，表明罗马人对希腊艺术的欣赏和尊重，然而这些优秀的希腊建筑元素并不会影响到罗马建筑的基本实质，因为它们只是一种姿态，一种还算漂亮的装饰。第二，面对如此巨大的建筑，任何人都有可能感到畏惧，柱式风格的引用，则是一种体贴入微的设计，因

❖ 古罗马竞技场遗址

为柱式本身具有在感官上收缩建筑物的作用，使它更巧妙地接近人而不会削弱建筑本身巨大的规模。所以它们算是起到了阻隔的作用，然而人的视线可以跳跃地接触到整个建筑的一些局部，却不需要也无法与整个建筑物产生视觉与心理上的联系。通过这些方法的处理，罗马人民几乎能感觉到自身就是这座雄伟建筑物的一部分，而且是象征伟大罗马帝国不可获取的部分。

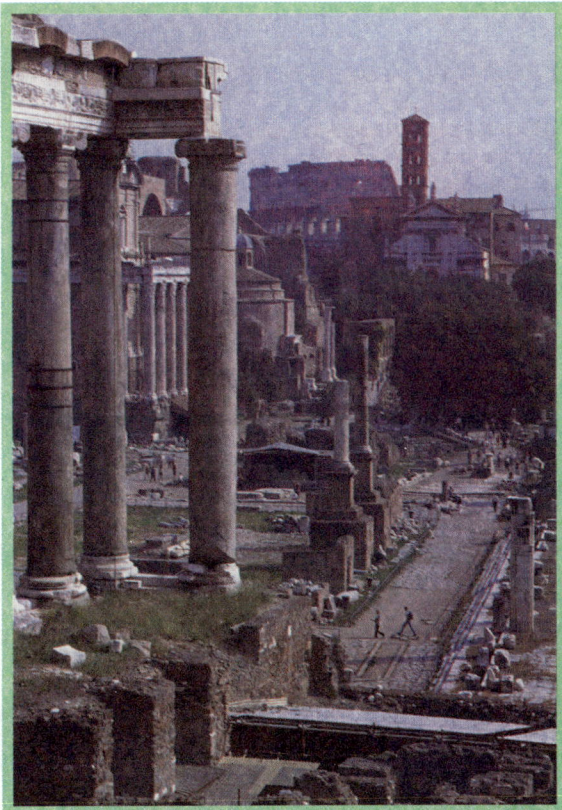

斗兽场或者说是竞技场坐落在整个剧场的中央，周围有许多道高墙跟观众席隔绝开来，四周的观众席是呈现阶梯式的台阶，共

❖ 古罗马竞技场遗址

分四层，最下层是元首、元老以及上层贵族的座位，自由民的座位在最顶层。剧场中一共有 4.5 万个座位和 5000 个站位，大约可容纳 50 000 名观众。在圆周线上有八条算作出口的拱廊，全部撒空剧场仅需要几分钟的时间。剧场底层还有用作公务的地下室、供角斗士逗留的以及安置被杀伤者的房间、装野兽的笼子等。在今天可以看到无数大学校园的足球场即是当年科洛西莫斗兽场的建筑样式迁延至今的结果。

知识小链接

罗马：意大利的首都，也是政治、经济、文化和交通中心，世界著名的历史文化名城，古罗马帝国的发祥地，因建城历史悠久而被昵称为"永恒之城"。罗马是全世界天主教会的中心，有700多座教堂与修道院，7所天主教大学，市内的梵蒂冈是天主教教宗和圣座的驻地。罗马与佛罗伦萨同为意大利文艺复兴中心，现今仍保存着相当丰富的文艺复兴时的作品。

巨大的斗兽场可以同时让 3000 对角斗士同时竞技，在庆典落成之日，包括公牛、狮子、鸵鸟等 5000 头猛兽在此向观众展示。而庆典之日结束后的 1000 天内，有 9000 头牲畜被宰杀，角斗士死于非命的数量更是没法计算。角斗有时候在高水平的职业角斗士之间展开，有时则发生在不愿意格斗的俘虏之间。这种野蛮的娱乐方式曾遭到部分正直人士的强烈反对，甚至有一位基督徒在场中用自杀来表达抗议。

角斗爱好者同样也是伟大的建筑者，古罗马帝国的足迹曾遍及世界文明地区的西部，他们建造了许多的剧场、竞技场和神庙。这些建筑不仅在欧洲各地被发现，同样在北非、西亚也可以看到。伴随帝国的衰败，这些伟大的建筑开始塌毁，雕像和装饰也遭到劫掠和焚毁。即便如此，人们在废墟中看到不少的古罗马建筑遗迹，仍能激起人们无限的感动和心灵震撼。

❖ 古罗马竞技场遗址

Part.03 第三章

艺术王冠上的宝石——帕特农神庙

人类文明最重要的发祥地之一——古希腊，为世人留下了一座被誉为"西方古典艺术王冠上的宝石"的建筑，它就是帕特农神庙。

智慧女神雅典娜和她的"居所"

众所周知，古希腊文明是世上最古老的文明之一，它不仅是西方文明的开源，而且对整个世界的文化、艺术、科技发展都产生了深远的影响。在古希腊文明献给世界的所有的艺术瑰宝中，有一座屹立于希腊首都雅典卫城最高点的建筑，2000多年来始终散发着迷人的光辉，它就是智慧女神雅典娜的"居所"——帕特农神庙，它是古希腊现存至今最重要的建筑，更是举世闻名的世界文化遗产之一。

◆ 智慧女神雅典娜

在古希腊神话的奥林匹斯十二神中，雅典娜是智慧的化身，也是农业和园艺保护神，还担任着司职法律和秩序的职位。传说中，雅典娜向人类传授纺织、绘画、雕刻、制陶、畜牧等技艺，人类因此得以生活得更好。这位宙斯的女儿同时还是一位守护雅典城的女战神，深受雅典人的崇拜和喜爱。

公元前447年，雅典打败了波斯，城市空前繁荣起来。雅典人认为他们之所以能够取得胜利，全是倚仗着雅典娜的庇佑，因此，他们决定建造一座神庙作为献给她的礼物。在当时雅典伟大政治家佩里克莱斯的规划下，不到十年时间，雅典人就建成了这座具有"朴素和静穆"的审美思想的纪念碑，并以雅典娜的别名——帕特农作为它的名字。

全角看"宝石"帕特农神庙

在古代，帕特农神庙被称作"雅典王冠"，它是人间一座完美的神明寓所，是人类思想、智慧、技艺的完美结晶，其建筑工艺令人叹为观止。

❖ 帕特农神庙遗址

这座神庙正面朝向东方，耸立在三层台阶上，主体长 69.5 米，宽 30.9 米，整体采用品质精良的大理石建造，只有极少数地方例外。神庙每一块光滑平整的表面，都由切割

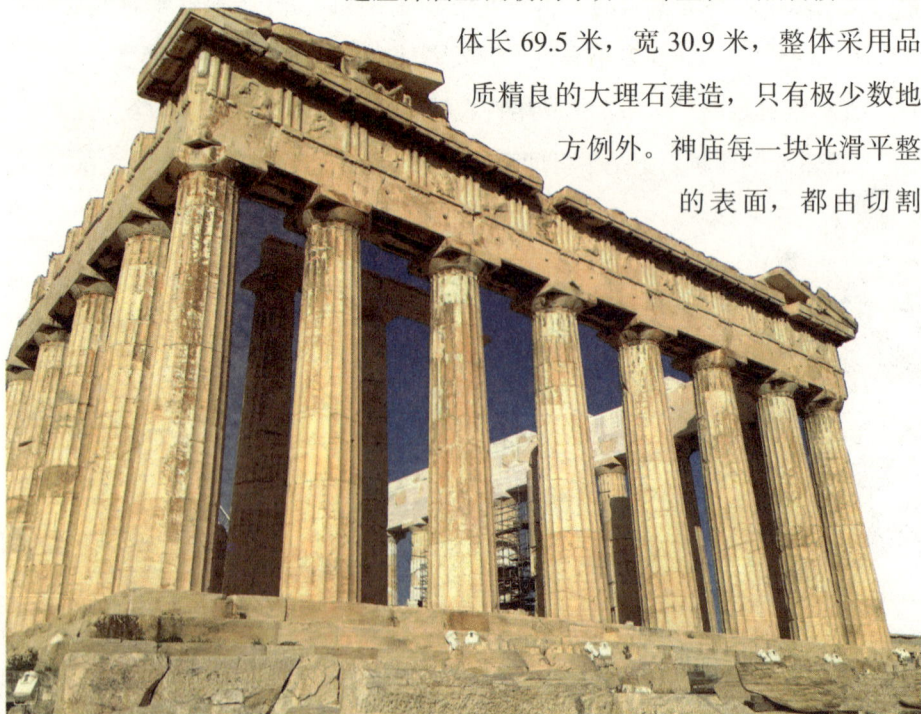

得极为精密的建筑石料拼合而成，没有任何一处使用灰浆黏合。这样高超的建筑技巧，在今天仍然是十分罕见的。

神庙的屋顶呈"人"字形，下面是一个长方形的大殿，供奉着一座高达12米的雅典娜塑像。这座神像是杰出的雕塑家菲迪亚斯的作品，它的脸和肌肤以象牙镶制，身体由木头制成，身上穿着黄金打制的衣服，看起来栩栩如生。

神庙正立面环绕着46根独立式圆柱，它们通体由整块巨大的大理石凿成，从下向上逐渐变细，显出一种因"用力"承受建筑物重量而形成的"凸肚"感，看起来似乎有弹性。这些圆柱与内殿墙之间恰到好处地保持着距离，使空间显得十分宽敞。整个神庙也因为它们显得生机勃勃，看上去就像一座结构严谨、线条优雅的大型雕塑，帕特农神庙也因此成为欧洲古典建筑的典范。

帕特农的经典之处还在于有众多的浮雕，主要有三种类型：陶立克柱式中楣的深浮雕、独立式三角墙塑像及内殿中楣上的浅浮雕。

❖ 帕特农神庙遗址

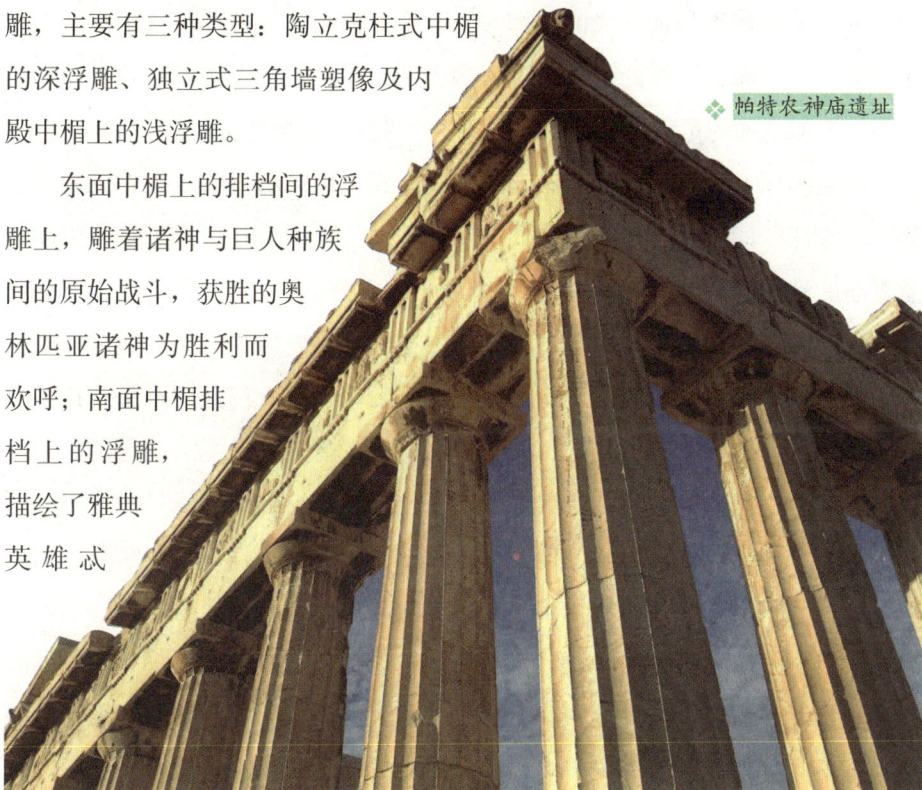

东面中楣上的排档间的浮雕上，雕着诸神与巨人种族间的原始战斗，获胜的奥林匹亚诸神为胜利而欢呼；南面中楣排档上的浮雕，描绘了雅典英雄忒

帕特农神庙遗址

修斯帮助希腊半岛上最古老的民族拉皮西斯征服半人半马怪物的情景；北面的群像展现了《荷马史诗》中特洛伊战败的场面；西面的排档间饰描绘了希腊人征服阿玛宗人的故事。

三角饰雕塑则是独立式的立体人物雕像：东面的三角饰描述了雅典娜诞生的情景；西面三角饰的故事已经所剩无几，但从东墙上遗留的残迹可以推断出，上面刻画的是雅典娜与海神波塞冬争做雅典主神而进行的竞争。

内殿中楣上的浮雕反映了雅典娜节的盛大景象：游行队伍捧着祭祀用的酒，迈着庄严的步伐，在音乐家们演奏的美妙音乐中前行；浮雕东侧则雕刻着美丽的雅典少女为雅典娜编织长袍作为礼物的场景。

东侧人字墙上雕刻的故事最为精彩，描绘了雅典娜即将从父亲宙斯头里出生的情景：在奥林匹斯山上，众神之父宙斯端坐在众神正中，头痛折磨得他非常痛苦。火神赫淮斯托斯为了解除他的痛苦，举起斧头劈开了他的头部，这时，穿着一身战衣的女神雅典娜就跳了出来。这一神奇的场景，使奥林匹斯山上的众神都惊呆了。神的信使彩虹女神伊丽丝刚一宣布雅典娜诞生的消息，坐在一只柜上的谷物女神得墨忒尔和女儿珀尔塞弗涅就激动地转向她，酒神狄奥倪索斯则斜倚在一块铺着豹皮和披风的岩石上，似乎正盼望着太阳神赫利俄斯的到来。最左端雕刻着拂晓时的大海，太阳神赫利俄斯乘坐的四马金车正从中腾出。

19 世纪到 20 世纪初，人们采取了不少措施对帕特农神庙进行修复，以避免其倒塌，其中一些方法很不科学。令人心痛的是，在 1933 年重修前，人们用铁钉、水泥等材料作为加固物，导致大理石墙面和石柱出现了较严重的损坏。也许，正如一位建筑大师所言，依然显示着优美和和谐的东西，是没有修复的必要的。

更生动的是众神对面的三位各具神态的女神：左边的女神在意识到了所发生的事后，正准备站起时，中间的女神开始转向她。右边斜倚着的女神看起来没察觉到已发生的一切，其姿势与左边的狄奥倪索斯正好相对应。女神们衣服的线条和躯体的轮廓都雕刻得非常逼真，处处显示着雅典人出色的雕塑艺术。

可惜的是，1687 年，帕特农神庙在战争中毁于炮火，只剩下一座石柱林立的外壳。那些精美的雕塑珍品大多数已经不在故址，它们有的被摧毁，有的被转移到博物馆里，不能不说这是人类历史的一个遗憾。

❖ 帕特农神庙遗址

■ Part.03 第三章

献给太阳神的奇迹——太阳神巨像

在世界古代七大奇迹中，有个献给太阳神的特别礼物——太阳神巨像，这座庞然大物在历经千年风雨洗礼后神秘失踪了。这是怎么回事呢？

罗德岛和"光明之神"赫利俄斯的故事

在古希腊有个美丽的岛屿，叫罗德岛，它的守护神是地神盖娅的孙子——太阳神赫利俄斯。

传说中，赫利俄斯出生后被他的叔叔泰坦神扔进了大海，后来他从大海中升入天空，变成了光芒万丈的太阳。这位泰坦神海泼里恩与提亚的儿子也因此被尊为太阳神，火神赫淮斯托斯为他打造了一辆金光闪闪的太阳车，还为他建造了一座金色的太阳神殿。每天早上，当曙光女神厄俄斯用她玫瑰色的手指推开天门的时候，赫利俄斯就会坐上由时序女神套好九匹飞马的金车，开始他一天的旅程。

◆ 罗德岛

他的九匹飞马全身雪白，一路上都散发着耀眼的白光，鼻孔里还喷射着炙热的火焰。中午时分，赫利俄斯的金车驶到旅程的最高点，然后继续向西，直到傍晚时分来到河边。这时他就会跳到河里，乘着金舟回到罗德岛的家中与妻子儿女团聚。休息一个小时后，他又踏上行程，跋涉整夜后返回他升天的东方。

　　赫利俄斯是威力无比的光明之神，他能看见并且知道每一件事，无论天神还是凡人，都休想欺骗他。因为赫利俄斯曾经向阿芙洛蒂特的丈夫——火神赫淮斯托斯告发她的背叛行为，阿芙洛蒂特一怒之下惩罚了他的情人——巴比伦国王的女儿，使她遭受活埋之刑。当这位伟大的光明之神赶到时，只能对着爱人冰冷的肢体无能无力。赫利俄斯贵为太阳神，自身的光芒和热量却不足以拯救爱人，可见神的权力和力量并非无限制。

　　最初宙斯给诸神分封领地的时候，太阳神赫利俄斯正在外面工作，因此被遗漏了。当他回到奥林匹斯山时，宙斯就把爱琴海深处的一块大石头封给了他。这块巨石后来从海底升起，成为一个面积广阔的岛屿，赫利俄斯将它命名为"罗德"，这是他所爱的神女的名字。赫利俄斯和罗德在岛上生了七个孩子，其中三个儿子在那里建立了自己的城邦国。

太阳神巨像的建造

　　起初，罗德岛上分为三个城邦国，为了凝聚力量，它们在公元前408年统一为一个国家，即罗德国。从此，罗德国的势力迅速扩张起来，很快就控

❖ 罗德岛

制了周围爱琴海中的其他一些岛屿，而且势力范围不断向地中海沿岸延伸。这样的局面让波斯人又恐慌又忌恨，他们谋划着削弱罗德国的力量。筹备多年之后，波斯的季米特里国在公元前 305 年向罗德国发起了进攻，罗德人全部撤入罗德城顽强守卫。一年后，兵困马乏的波斯人终于坚持不住，放弃攻打罗德城，撤离之前，在城墙下丢弃了大批装备和武器。

获胜的罗德人将这一切归功于赫利俄斯的保护，决定铸造一尊太阳神像献给他，以表示敬意和感激。他们请当时享有盛名的雕塑大师卡雷斯来完成这项神圣的工程。卡雷斯用波斯人遗留下的金属器械为原料，从公元前 292 年开始到公元前 280 年，历时 12 年，终于不负众望，铸成了一座高达 33 米，重达 12.5 吨的巨像。罗德人把这座太阳神巨像竖立在罗德港口，用来镇海安疆。

"不翼而飞"的巨像去了哪里？

然而，这座引起后人宏伟想象的神像仅仅矗立了短短 55 年，就在公元前 225 年发生的一次大地震中倒下了。除了太阳神巨大的双脚还牢牢地"站"在石座上外，身体的其他部分统统化为碎片。虔诚的罗德人认为，是"神的意志"带走了他们的守护神，就没有对塑像进行修复。于是，"太阳神"就以一堆残破碎片的"姿势"，在地上"躺"了千年之久，后来竟然连碎片也都"走失"了。那些碎片去了哪里？人们不由得怀疑太阳神巨像是否真实地存在过。

从古代文献记载中，人们可以找到太阳神巨像真实存在的证据。最早的从公元前2世纪起，罗德岛历经过许多民族的统治。罗德人当然不会捣毁被他们视为圣物的太阳神像，只有外族一些其他宗教的信徒，才会摧毁"异教"的偶像。人们从一些史料片段中推测，是古罗马人和阿拉伯人运走了巨像的残片，不过这些记载过于原始，只能是猜测罢了。

记载是在公元前2世纪，意大利作家安提帕特在《世界七大奇观》中提到：太阳神青铜巨像立于高高的平台上，用季米特里弃置罗德城下的攻城器械中的金属铸造。后来的文献写道：神像双脚踝骨以下的部分都固定在白大理石基座上，它的大脚趾比两人合抱还粗，指头比鹿的雕像都要大。

此外，一些旅行家、史学家、画家也都对巨像的模样展开了联想，11世纪初，一位佚名画家将太阳神画为左手持矛，右手握剑的裸体男子，伫立在翻滚海浪中的高柱上。

1480年，比利时人科尔森所著的《罗德斯史》是这样描述巨像的："叉开双腿站着，无论大小船舶，都得从他两腿之间通过。"这种说法可能更贴近真相；1572年，荷兰人马丁认为太阳神应该一手握着指引航海人归途的火炬。但现代希腊邮票则将以上两位的描述综合起来，"让"太阳神穿着短裤，戴着太阳冠冕，背着箭囊望向右前方。他背对着海港，左手握着弓箭，右手举着火炬，两腿叉开，站在航道上方的高石座上，眺望着归来的船只。

因为没人见过太阳神巨像的本来形象，事实究竟怎样也就不得而知。那么，太阳神巨像就这么永远地消失了吗？恐怕只有向来坚持真相的赫利俄斯自己才知道答案吧。

❖ 太阳神

"斜而不倒"的神奇高塔

一个经典建筑奇迹却有着许多不解之谜：一座八层圆形塔楼，从建造起就开始倾斜至今，历经近千年仍然矗立着。

提到这样的一座建筑，相信很多人都会异口同声地说出它的名字：比萨斜塔！是的，这座"斜而不倒"的神奇高塔，就是闻名天下的意大利比萨斜塔。

"斜塔"是怎样建成的

在意大利比萨镇，有一座比萨大教堂，比萨斜塔就是这座教堂的钟楼。从外面看这座八层高的钟楼，它整体高 56.7 米，由白色大理石建造而成，每一块石砖上都雕刻着精美的图案纹饰。这座圆形建筑的中间六层的造型完全相同，每层都由一道回廊围绕，每道回廊都由 31 根圆柱搭建，每两根圆柱间都有一道拱门。整座塔共有 213 个拱形门，这些拱形门使塔的外观呈现出罗马式建筑的风格，带给人无穷的艺术享受。在建筑的底层有 15 根圆柱，而向内收缩

❖ 比萨斜塔

的顶层有 12 根，一条 294 级的螺旋状阶梯，从底层通往安放着大钟的顶层。

斜塔是怎么建成的呢？据史料记载，当比萨大教堂建筑群第三期工程开始后，人们于 1173 年 8 月 9 日为它的钟楼奠基。刚刚建好第三层，人们就觉察到这座塔有些向东面倾斜，经过检查，他们发现这是因为塔基沉陷不均匀引起的。后来，为了将塔身矫正过来，负责整个工程的工程师皮萨诺在往上建筑时，将下陷一侧的楼层加高，没想到弄巧成拙，导致塔基沉陷得更加严重，塔的倾斜度也加大了。正是因为塔身不停地出现倾斜的问题，斜塔的修建工作一直时断时续，到最后完工时，离开始建造的时候已过去 170 多年了。建好后的斜塔，塔顶中心点已经偏离垂直中心线两米多，因此，这座钟楼被称为"比萨斜塔"。

"两个铁球同时着地"实验

使"比萨斜塔"闻名世界的，是著名的"伽利略实验"。

据传 1590 年的一天，后来闻名世界的意大利科学家，当时的比萨大学数

❖ 比萨斜塔

学讲师伽利略登上了比萨斜塔的第七层，并从 40 多米的高空往下同时扔下两个重量相差十倍的铁球，最后，两个铁球同时落到地上。这个著名的实验推翻了"不同重量物体下落速度不同"的理论，这一理论由希腊哲学家、物理学家亚里士多德提出，在这之前已经统治世界 1000 多年。

伽利略的学生韦韦亚尼在 1654 年为老师立传时，写下了这个故事，其真实性还有待进一步考证。但不管怎样，这个传说已经将伽利略和比萨斜塔联系在一起，并使二者的名声更加响亮。

❖ 比萨斜塔

在倾斜"路上"不停"前行"的斜塔

自建成后，比萨斜塔就没有停止过"走向"倾斜的"脚步"。它每年都要以 1～2 毫米的速度不断倾斜，这使人们忍不住担心它是否会倒下。

1550 年，建筑师瓦萨里通过加固塔基的方式，奇迹般地使这座塔"放弃"倾斜达百年之久。但后来它又回到了原来的轨道，继续每年倾斜一毫米多。19 世纪初，水文工程师试图通过抽取塔底下地下水的方式来阻止塔的"倾斜之路"，但由于没有进行科学的考量，反倒破坏了地下结构，导致整座塔从 1817 年开始"变本加厉"地倾斜。1838 年，人们再次对塔基进行加固，造成倾斜更加严重。1934 年对塔基进行防水处理的工程，则导致整座塔开始了为期一年的毫无规律的"东摇西摆"。种种尝试之后，人们的意见终于达成了一致：斜塔的塔基不能触动。

比萨斜塔从开始建造起就引起了世人的热切关注，近千年来，它的存在已成为考量人们智慧的一道头脑风暴谜题。人们在欣赏它独特的建筑风格的同时，更为它历经千年"斜而不倒"而惊叹。尽管人们现在还无法给出准确答案，但是未来会有更多人加入到对它的神奇现象的思考和研究中的。

为了保护这一珍贵的建筑，1973 年，整个比萨城所有的私人水井都被关闭，以维持地下水位，没想到这个方法竟然奏效了，斜塔安然度过了两年的"平静期"。到了 1990 年，人们用 18 根钢缆绳把塔底的檐口和地基"绑"在一起，并往塔北侧的地基内注入 600 吨铅液，这一做法不仅阻止了塔的倾斜，还将它向北"拉回"了 4 毫米。

到现在为止，比萨斜塔已经倾斜了 6 度之多，但它还能屹立不倒，不能不说是建筑史上的一大奇迹。有关专家预测说，如果在接下来的日子里还不能得到更好的保护，比萨斜塔很有可能在 2150 年前因失去平衡而倒塌。

为了保护这座罕见的斜塔，全世界的人们纷纷献计献策，提出了五花八门的"奇思妙想"：有的建议拆掉塔最上面的三层，来减轻塔身的重量；有的建议冻结塔基的土壤，以防止地基继续下沉；有的甚至建议在塔的南面安装巨型风扇，向北吹风，以阻止塔身继续倾斜；有的提出要将塔买回去放在家中，以便永久收藏；有的建议在塔北侧修建自由女神像，以镇住斜塔的倾斜之势；甚至有人建议用悬浮气球的绳索吊住斜塔，以防止它倒塌……

虽然人们的出发点都是为了保住这座奇异的"世界奇迹"，但这些提议未免显得不够成熟。在没有找到更好的方法之前，最好的方法还是不要轻举妄动吧。

◆ 比萨斜塔

灵动的交响乐——巴黎圣母院

在世界名著《巴黎圣母院》中，美丽的少女爱斯美拉达和丑陋的撞钟人卡西莫多，给世人留下了深刻的印象。

世人皆知，法国的首都巴黎素有"浪漫之都"的美誉，伟大剧作家维克多·雨果的"命运三部曲"之一——《巴黎圣母院》中讲述的故事，就发生古老巴黎的象征——巴黎圣母院中。这座举世闻名的教堂，千百年来"勾引"着无数游人的心魂。

❖ 巴黎圣母院

初看巴黎圣母院

站在巴黎塞纳河畔向斯德岛远眺，就会看到这座典型的哥特式教堂，它坐东朝西，平面呈拉丁十字形：两翼较短，中轴较长，在"十字"的交叉点耸立着一个高达 106 米的箭头形尖塔。整体建筑风格独特，结构严谨，气势非凡。

法国国王路易七世在位期间，巴黎圣母院于 1163 年开始建造，由教皇亚历山大三世亲自奠基。后来，经过几代建筑师和工艺师的不懈努力，终于在 1345 年完成了整个工程。

巴黎圣母院的建造历时近两个世纪，除了工程浩大以外，精工细琢可能也是其中一个原因。整座教堂大到气势恢宏的墙壁和高屋建瓴的屋顶，小到一扇门、一扇窗，全部都是由石头雕砌而成。在这些"冰冷"的石头间，点缀着瑰丽的雕饰和精致的玻璃彩绘，使圣母院在威严肃穆中透露着雅致灵动的气息。这些石雕和绘画描绘着一个个《圣经》里的故事，工艺精湛，栩栩如生，如导游般带人们走进基督教的艺术殿堂，是巴黎圣母院的重要文物之一。

❖ 巴黎圣母院

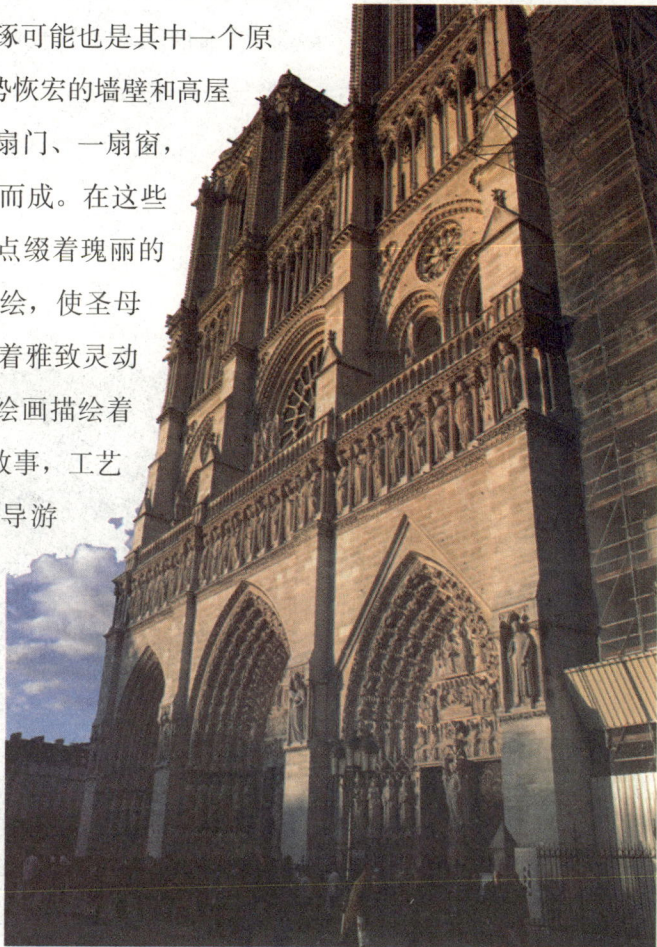

圣母院正门前，是巴黎人用来游行、集会的地方——圣母院广场。从这里可以清晰地看到圣母院的全景：巨大的石门四周分布着形态各异的雕像，它们层次分明，体形从外向内逐渐缩小。两座 69 米高的四角形钟塔左右对称地矗立在圣母院正面顶部，其中一座悬挂着一口重达 3 吨的大钟——《巴黎圣母院》中敲钟人卡西莫多所敲的钟。两面的墙壁由两层弓形的支柱撑住，中庭狭窄而高峻。整座建筑使用了大量的垂直线条，所有柱子都挺拔向上，与上部耸立的尖塔和钟塔密切呼应，塑造了一种向天宇升腾的雄姿，整体感非常强烈。

圣母院主体建筑上有三条横向装饰带，将整个建筑分为三层。

底层有三个拱门。左边绘着圣母受难复活的情形，中间绘着耶稣接受"最后审判"的情形，右边绘着路易七世受洗的场面。拱门上方是众王廊，陈列着 28 位历代君王的雕像。

第二层是两个巨大的棂窗，镶嵌着各式各样的彩色玻璃窗，其中一个

❖ 巴黎圣母院

❖ 巴黎圣母院

直径 10 米的圆形玻璃窗最为醒目。第二层还陈列着圣母、圣婴、天使、亚当、夏娃的塑像。

第三层是一排精致的拱形雕花石栏杆，上面雕刻着不计其数的神魔精灵，展示了一个虚幻的世界。

零距离看巴黎圣母院

圣母院内部大厅长 130 米，宽 50 米，教堂内部极其朴素而严谨，不注重浮华的雕饰。往上看，是几十米高的拱形屋顶，各种宗教陈设在时明时暗的光线中，发出神秘而圣洁的光芒，宛如置身天堂，在和上帝对话。

教堂殿内有正面和左右两侧，有三个玫瑰花状的巨大圆形浮雕花窗，这是巴黎圣母院所有的建筑中最动人的部分。它们色彩艳丽，富丽堂皇，绘着宗教故事。镶嵌得极其精致的玻璃反射着光线，照射着殿内所有角落，营造了一种置身星空中的氛围。

圣母院的大殿十分宽阔，可同时容纳 9000 人。内部摆放着多排烛台和有着 6000 根音管的大管风琴，还有唱诗班的席位。每逢礼拜日，教堂的钟声就会敲响，沿着塞纳河两岸久久回荡，唱诗班也会奏起音乐，唱起圣歌。这时，信徒们虔诚地走进烛光闪闪的大殿，在浑厚响亮的歌声中与上帝沟通，进行祈祷和忏悔。

大殿以超脱的、灵动的蓝色和绿色为主体色调，讲台后从左到右依次摆放着路易十三的塑像、圣母哀子像及路易十四的塑像，这些塑像神情逼真，线条流畅，工艺十分高超，吸引着成千上万的人们前来瞻仰。

巴黎圣母院风格特色

《巴黎圣母院》使巴黎圣母院声名卓著，并保护了它的存在。在这部作品中，雨果发出了这样的赞叹：巴黎圣母院是一部波澜壮阔的石头交响乐。这是对圣母院的高度赞赏，更是对它最为贴切的描述。

哥特式建筑的主要特点是高、直，重要特征是尖拱形的屋顶、塔楼等。作为哥特建筑的杰作，巴黎圣母院直指苍穹的尖顶、古韵悠长的塔楼，都充满着向上、向高远空间奋进的精神。在它所有的绘饰中，明艳的色彩、夸张的变形、跌宕的线条无不彰显着石头无穷尽的张力，展示着昂扬的艺术气质，将石头的结构美感和重量质感发挥到了极致。

● 巴黎圣母院

恩格斯将巴黎圣母院尊为"神圣的忘我"，许多重大的历史事件如圣女贞德恢复名誉、拿破仑一世加冕、宣读二战胜利赞美诗等都发生在这里。它不仅仅是一个宗教场所，还是一位历史的见证者，它还收藏了大量艺术珍品，在建筑史上的地位更是无与伦比。

正如雨果所说，巴黎圣母院不仅是法国历史的一页，也是科学史和艺术史的一页。它是法国人民智慧的结晶，是一部哥特式教堂发展史，是新的建筑时代的开创者。

知识小链接

基督教堂的重要"伙伴"是赞美诗和复调音乐。赞美诗曲调朴实静穆，精神内蕴超凡脱俗，是所有教徒共同清唱的宗教音乐，被中世纪音乐家誉为"最高的艺术"。复调音乐则用涌动的音群传达着人在俗世中的无限挣扎，展示着整个灵魂世界的面貌：或恐惧，或欢喜，或感慨无常的命运，或赞叹美好的生命⋯⋯

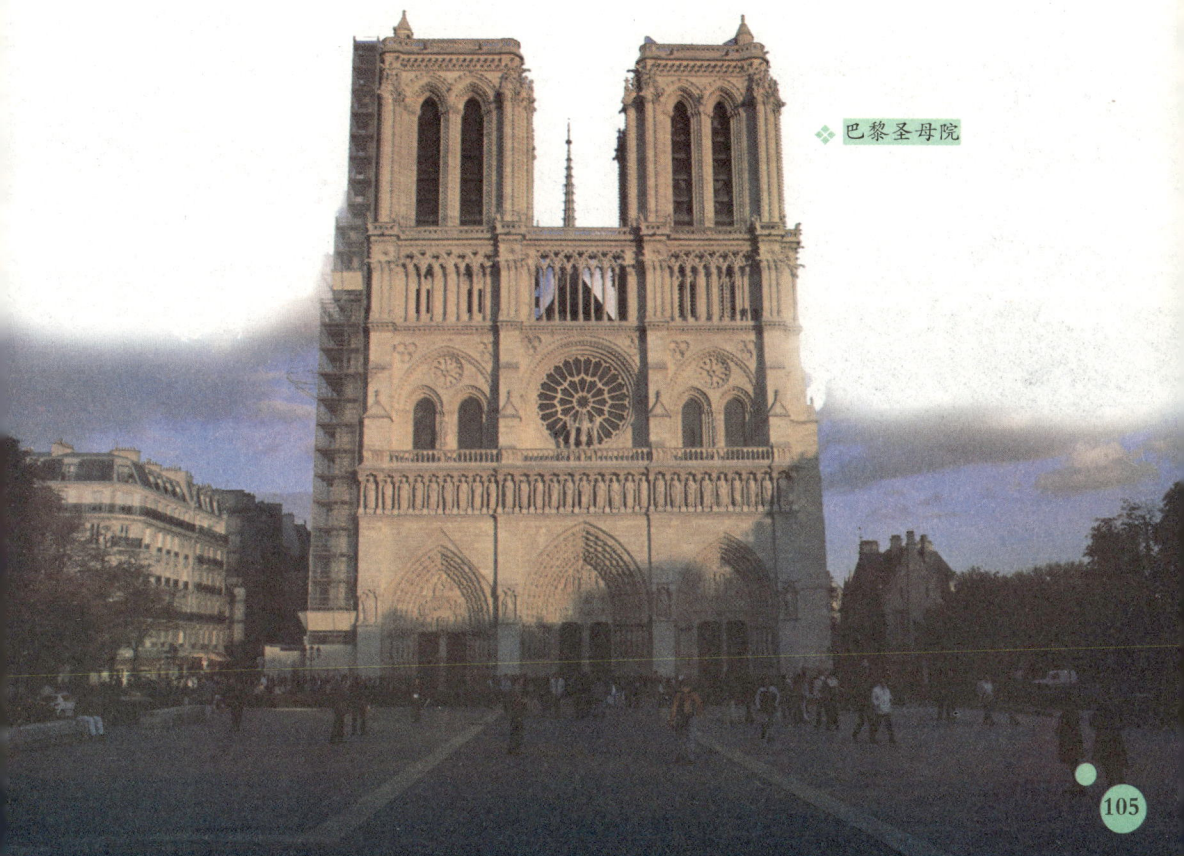

❖ 巴黎圣母院

Part.03 第三章

宫殿之城——阿尔罕布拉宫

充满古老欧洲风情的国度西班牙，有一座人间天堂般的故宫——有"宫殿之城"美誉的阿尔罕布拉宫。

格拉纳达省位于西班牙的南部，那里文化底蕴丰厚，自然景色怡人。阿尔罕布拉宫就坐落在格拉纳达省东部一个东西长 700 米，南北宽 200 米的小山丘——阿莎比卡上，它是西班牙举世闻名的故宫。在阿拉伯语里，阿尔罕布拉是"红堡"的意思，加上它的四周本来就被 2000 米长的红色黏土墙环绕着，因此，这座城堡又被称为红色城堡。

向"红堡"迈进第一步

自古以来，位于西班牙内华达山麓的格拉纳达省就是基督教和伊斯兰教争夺的重地，宗教之争必然会在这片并不辽阔的地域留下鲜明的印记，阿尔罕布拉

◆ 阿尔罕布拉宫

宫就是这些印记之一。

据史料记载，13 世纪时，许多穆斯林逃到格拉纳达，随后在那里建立了格拉纳达纳斯里德王国。在这个王朝长达两个半世纪的统治中，阿尔罕布拉宫是它的皇家宫殿及军事、行政中心。

❖ 阿尔罕布拉宫

阿尔罕布拉宫于 13 世纪中叶，由纳斯里德王朝的创始人穆罕默德一世开始建造。到了 14 世纪下半叶，叶尤萨福一世和穆罕默德五世接管王国期间，又对这座宫邸进行了改造和扩建。15 世纪时，这座宫殿曾一度因摩尔人被逐而荒废，直到 19 世纪经过长期的修缮与复建，才重新焕发出新的生机。

向"红堡"更进一步

如果绕着阿尔罕布拉宫随意地转一圈，很多人都会觉得它享有盛誉有些名不副实。这座有五座坚固大门，两旁高耸着塔楼的城堡，并不像其他宫殿一样金碧辉煌，而只是由一些庭院、城垛、塔楼简单地组合在一起，布局也

❖ 阿尔罕布拉宫

❖ 阿尔罕布拉宫

大多呈不规则状，还有 23 个具有防御功能的塔台，看起来毫无魅力可言。单从外表看，与其说它是一座宫殿，不如说它是一座要塞更为贴切。事实上，这种与现在迥异的建筑设计观念，是由当时纷争不断的宗教之争决定的。

对这座城堡"外貌"的失望，总能在了解到它精巧到极致的"内心"时烟消云散。按照区域的不同用途，城堡又分为卫队区、清真寺区、王宫、官员居住区等。城堡内遍布着奇花异草、曲折回环的亭廊、翼然欲飞的亭子；室内的装饰具有强烈的东方色彩，墙壁上布满精美无双的图案，是由金银丝镶嵌而成的；随处可见质感飘逸的丝质挂帘、交相辉映的金银饰品和特色鲜明的回纹浮雕……无处不散发着古老而旖旎的风情。

建筑师在设计这座城堡时，充分利用了光和水的特异之处，将其作为主体部分完美地融入整个建筑中。院落与院落之间水道相连，各个宫苑的水池和房间中也有水道通达。

宫殿的屋顶采用天空般的拱形设计，上面密布着摩尔人建筑的典型元素——蜂巢状的小孔，这些小孔"长相"各异，"体形"甚小，数目达 5000多个。拱顶悬吊木框下的蜂窝形结构颜色十分绚丽，支撑它们的细柱子上，雕刻着关于天宇的知识。下方的水槽中流淌着清水，象征着伊斯兰教天国里的四条大河。

当光线适宜，这种奇幻的拱顶设计和水流就会营造出一种天国的感觉，如梦境一般，这也暗含着当时摩尔人向往宇宙，追求人与自然和谐统一的理念。在这个意义上，阿尔罕布拉宫又被人们形象地称为"梦幻洞穴"，它是摩尔人在西班牙留下的古迹中的佼佼者，是美学艺术的集大成者，是当之无愧的"宫殿之城"和"世界奇迹"。

细赏"红堡"美景

在阿尔罕布拉宫的建筑中，有几处格外引人注目。

桃金娘宫是阿尔罕布拉宫的政治和外交中心。整个宫殿设计中最突出的部分，是一个 42.8 米长、22.6 米宽的大理石水池，占据了庭院大部分空间。水池边上种植着美丽的桃金娘树篱，这座宫殿因此得名。当周边纤巧的柱廊、精致的拱门、墙上精美的图画、桃金娘树篱等景物倒映在池水中时，整个宫殿仿若空灵脱俗的幻境。

穿过桃金娘宫，可以到达著名的中庭——由四个大厅环绕而成的狮子院。整个院落长 28 米，宽 16

◆ 阿尔罕布拉宫

纳斯里德王室在阿尔罕布拉宫留下的最后一个"大手笔"，是建成于14世纪的盖奈拉里夫夏宫，这也是摩尔式建筑在"红堡"的最后遗迹。而这种风格繁丽、纹饰精美、空间舒展的建筑式样，是各地流传下来最古老的花园之一，是阿塞丢庭园。这座长方形的花园有着开阔的泳池、雅致的喷泉、参差的亭子、玫瑰丛回廊，极具摩尔建筑特色。

米，院内矗立着124根白色大理石柱，上面雕刻着精美的几何图案纹饰。由石头雕刻而成的拱门和木质的走廊顶棚，做工非常考究，且布局得极具层次，增添了"柳暗花明又一村"的艺术效果。院子中央的水池四周围绕着12只造型勇武的大理石狮子，这是狮子院名称的由来所在。

13世纪修建的"建筑师园"是"红堡"外围建筑中具有重要代表性意义的一处。这里环境幽雅，花香馥郁。诸王祠里供奉着历代君王的雕像，屋顶上则别出心裁地"开"着精美的小拱窗，不仅具有很好的装饰效果，而且有利于殿内全方位采光。

另外一处可圈可点的建筑，是哈布斯王朝皇帝卡尔五世时建造的。当时已是16世纪，纳斯德王室早已被逐，卡尔五世请伟大建筑师米开朗基罗的徒弟马丘卡主持设计，在"红堡"内修建了一座属于自己的宫殿。这座宫殿洋溢着文艺复兴时期建筑的气息，在整体走阿拉伯文化路线的"红堡"中，呈现出一种别样的味道。

◆ 阿尔罕布拉宫

Part.03 第三章

花之圣母——佛罗伦萨大教堂

在无处不透露着风情、无处不盈溢着诗意的"花中之城"翡冷翠，有一座世界上最美的教堂——花之圣母大教堂。

位于意大利中部的城市佛罗伦萨自古以来就有"花之都"的美称，那里景色优美，环境宜人，是千万人向往的人间乐土。而浪漫主义诗人徐志摩把它的名字译为"翡冷翠"，更是为它平添了几分诗意。世界第四大教堂，也是最美的教堂——佛罗伦萨大教堂就坐落在这座意大利古城里。

❖ 佛罗伦萨大教堂

"发芽"到"盛放"的历程

不同于一般教堂的威严肃穆、不可侵犯，佛罗伦萨大教堂整体焕发着美不胜收的艺术气息，蕴含着平易近人的人文主义精神。到今天，这朵"圣母马利亚之花"已经"开放"了560年之久，它的"开放"被史学家们高度评价为"新文化时期的开端"。事实上，即使不算这段"花期"，"圣母马利亚之花"从"发芽"到"盛放"也经历了近两个世纪的历程。

1296年，佛罗伦萨当局"播"下了这朵花的种子，设计者将教堂设计为三个放射状排列的多角形祭室向一座三廊式长方形会堂集中的形式。这种形式的建筑建造起来存在一定的技术难题，尤其是如何在主教堂中殿与耳室之间跨度达43米的巨大八角形上架上圆屋顶，一度难倒了几代建筑师。

直到1420年，建筑学家布鲁内莱斯基和当时最具代表性的雕塑家多纳太罗的出现，才使这个问题得到了解决。他们吸收了罗马古代建筑的精髓，并在原有的基础上融入时代元素，别具匠心地在八角形上方，架起八根向天空

❖ 佛罗伦萨大教堂

伸展的弯梁，使之汇集在一个灯塔底座上，构架了圆屋顶的基底。到 1434 年时，圆屋顶的建设终于彻底完成了。布鲁内莱斯基还通过内外双层圆顶的设计来增加屋顶的美感，使整个教堂看起来像一把巨大的、绽放的伞花。这种设计也减轻了外顶重量，并起到了很好的隔热作用。佛罗伦萨大教堂这个线条流畅、外部轮廓优美的圆屋顶，被看作是"巨大的艺术品"和"艺术的奇迹"，开创了文艺复兴时期建筑风格的全新纪元。

❖ 佛罗伦萨大教堂

3 月 25 日，是童贞女马利亚获知自己被选为圣子母亲的日子，也是虔诚的佛罗伦萨人将"盛放"的"圣母马利亚之花"献给圣母的日子。1436 年 3 月 25 日，佛罗伦萨街道上旗帜招展，由城市官员、外交官、政治家、教会高级神职人员、雕塑家、诗人、音乐家、行会首领以及仪仗队组成的队伍共同游行，欢庆佛罗伦萨大教堂的建成。教皇欧仁四世穿戴着白色长袍和三重冕，在各级主教及部分文艺复兴时期重要人物的陪同下，走入教堂，见证了这场盛大的落成典礼，整座佛罗伦萨城因为这一激动人心的时刻而沸腾。

1462 年，人们又在大教堂的穹顶上增建了八角采光亭，"圣母马利亚之花"的外观至此定型，成为今天世人看到的样子。

细赏"圣母马利亚之花"

走进佛罗伦萨大教堂，可以看到这朵"圣母马利亚之花"由三部分组成：大教堂、洗礼堂和钟塔。

建成于佛罗伦萨繁盛时期的大教堂，外观呈拉丁十字形状，长 82.3 米，由四个间跨构成三个多边形祭室分别分布在南、北、东三面，祭室外围放射分布着五个小礼拜堂。大教堂的圆屋顶上画满了精美的壁画，以 200 平方米的巨幅壁画《最后的审判》最为出名，穹顶内还陈列着米开朗基罗的作品圣彼得像。多边形的祭室上的半穹形设计与上面的圆屋顶互相呼应，整体外观具有明显的水平线条，看起来端庄雅致，和谐稳重。

以白色、绿色大理石装饰表面的洗礼堂，具有强烈的罗马风格。它最引人注目的是三道风格古朴的青铜门，尤其值得一提的是被米开朗基罗盛赞为"天堂之门"的镀金东门。它是设计师吉贝尔蒂花费 27 年心血完成的，中间还凝聚着建筑师米凯洛佐、画家乌切洛等人共同的智慧。这座大门由两个门扉组成，上面分隔着十个雕饰着《圣经》中宗教故事的方格，这些雕饰具

❖ 佛罗伦萨大教堂内部

在杜菲充满世俗柔情、旋律流畅柔和的圣歌的歌词里，佛罗伦萨大教堂是一座"最宽敞的神庙"，这传达的不仅仅是人类对神的崇敬，也包含了人们对"圣母马利亚之花"的景仰之情。这座教堂虽然在某些方面延续了哥特式后期建筑的风格，但也开创了属于自己的全新局面，它的诞生是文艺复兴的重要里程碑，标志着新时代精神的问世。

有鲜明的立体感，线条流畅细密，人物、景物层次分明。

呈方形外观的钟楼位于大教堂正门的对面，它总体由各色大理石砌成，分为四层，13.7米见方，高达84米，这样的高度和规模，在当时的建筑水平下，是较为少见的。有资料记载，这座钟楼的设计者是壁画家乔托，他与意大利文艺复兴时期的伟大诗人但丁属于同一时代人，因此，这座钟楼又名"乔托塔"。钟楼里有五座著名的雕像，其中"先知者'左孔'"成型于1424年，作者多纳太罗充分利用了他敏锐的观察力和卓越的写实技艺，刻画了一个与传统先知风格迥异的"左孔"形象。这位"南瓜头"先知穿着长袍，面部神情十分紧张，颈部肌肉紧紧地绷着，右边的手腕看起来像是正在痉挛着一样，雕刻得栩栩如生。

"圣母马利亚之花"不仅是一座美轮美奂的宗教建筑，而且收藏着大量举世无双的艺术品。它不仅是"马利亚"之花，更是建筑史、文艺史上的一朵奇葩。

❖ 佛罗伦萨大教堂

最好的献礼——**圣彼得**大教堂

教堂是上帝的居所，是信徒与上帝通话的地方。在信徒献给上帝的所有礼物中，可能再没有比一座巧夺天工的教堂更受上帝青睐了。

世界第一大教堂——圣彼得大教堂，就是这样一份献给上帝的精美礼物。我们知道，位于意大利首都罗马西北角高地上的梵蒂冈城，不仅是世界上最小的国家——梵蒂冈的首都，也是世界天主教的中心和罗马教廷的所在地，天主教至高无上的统治者——尊贵无比的教皇就居住在这里。坐落在梵蒂冈中心的圣彼得大教堂，不仅是罗马基督教的中心教堂，也是欧洲天主教的朝圣地，还是罗马教皇的教廷，它在天主教徒心目中的崇高地位可想而知。

❖ 圣彼得大教堂

圣彼得大教堂"诞生记"

圣彼得大教堂用它的存在，证明了基督教修士理查德所言："美是上帝无所不在的证据。"走进这座经历了数百年风雨洗礼的古老教堂，人们总是不由得为它精致到每一个细节的艺术美深深震撼。置身于这片人间的净土，能令人忘却尘世的纷扰和浮华，找到心灵的栖息地。

整座教堂占地 2.23 万平方米，长达 211 米，高达 45.4 米，整体呈正十字形，有着一个巨大的圆顶，内部空间极大，可同时容纳近 6 万人祷告。如此浩大的工程，从开始奠基到最后落成，时间跨度达 120 年之久。在建造过程中，布拉曼特、拉斐尔、米开朗基罗、贝尔尼尼等 16 世纪意大利杰出的艺术家、建筑师几乎全部"出动"，纷纷出谋划策，共同促成了整座教堂的建成。

圣彼得大教堂的前身，是公元 326 年—公元 333 年，君士坦丁大帝为纪念向上帝献身的使徒，即耶稣的徒弟彼得，在他的墓地上修建的老圣彼得大教堂。

16 世纪时，教皇朱利奥二世萌生了重建这座教堂的念头。1506 年，这项工程正式开始，建筑艺术家布拉曼特将它设计为一座有着巨大圆屋顶的教堂。1514 年，"文艺复兴三杰"之一、建筑师拉斐尔在布拉曼特离世后接替了他的工作，直至 1520 年。之后接

◆ 圣彼得大教堂

手教堂建设的一些建筑师并未沿用教堂最初的圆顶设计，而是引进了高直的哥特式建筑风格。

直到 1546 年，和拉斐尔一样享有盛名的米开朗基罗，以 71 岁的高龄接下了建设圣彼得大教堂的"接力棒"。这是圣彼得大教堂建造史上最艰难的一棒，也是具有重大转折意义的一棒。米开朗基罗重拾了布拉曼特的方案，对原有的正十字形设计进行了微调，并做出更壮观的圆顶设计。这个圆顶从与地面相距 76 米的基座往灯塔顶端延伸，直至离地 137.8 米的高空。米开朗基罗去世后，他的两位伙伴按照他留下的圆顶模型继续努力，最终将这一伟大的设计付诸现实，就是今天我们看到的这个雄伟的穹顶，和原设计几乎毫无差别。它在结构上与整座教堂的内外空间打造了完美的整体效果，是天主教礼拜仪式、宗教力量、艺术品位达到顶峰的标志，对后来的教堂建筑及现代建筑都产生了深远影响。

❖ 圣彼得大教堂内部

17 世纪初，卡洛·马德尔诺对保守势力坚持的传统十字形设计进行了改进，加长了中殿的设计，使整座教堂有更多空间来保证大型教堂活动的开展。虽然这更加充分利用了空间，但破坏了米开朗基罗设计比例的和谐效果，也使圆顶的美感打了折扣。

1626 年 11 月 18 日，乌尔班八世教皇亲自主持了圣彼得大教堂的落成典礼，这座规模宏大、美不胜收的建筑终于呈现在世人眼前。

饱览圣彼得大教堂的艺术美

欣赏圣彼得大教堂，不能不看教堂前的露天广场。这个贝尔尼尼的杰作呈椭圆形，建于 1656 年—1667 年间，是大教堂不可分割的一部分。广场面积宽阔，可以容纳 50 万人，两边各排列着四排共 284 根托斯卡拉式廊柱，圣徒们的塑像就在这些廊柱组成的半圆长廊上部；中间矗立着一块 30 米高、327 吨重的埃及方尖碑，两侧各有一个喷泉。

穿过广场，来到教堂内部，可以看到教堂内有五个长廊大厅，它们由四方巨柱分隔开来。教堂内部装饰得非常富丽堂皇，散发出令人目不暇接的精美和华丽之感。中央大厅右侧摆放着圣彼得的青铜雕像，信徒们长期的亲吻和抚摩，使它的右足光可鉴人。贝尔尼尼的杰作青铜华盖摆放在殿堂中央，闪烁着动人的光芒。

❖ 圣彼得大教堂内部

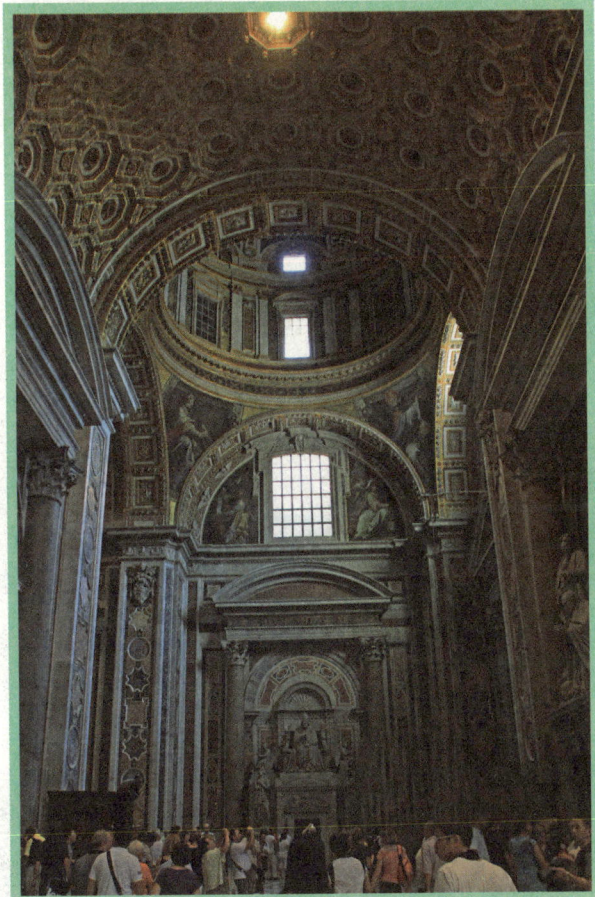

"世界第一艺术家"米开朗基罗的雕塑《哀悼基督》被人们认为是圣彼得大教堂中最出色的作品，也是米开朗基罗唯一亲笔签名的作品。这件典雅静穆的作品受法国驻梵蒂冈大使红衣主教维里耶委托所作，塑造于 1498 年—1499 年。彼时，年仅

24 岁的米开朗基罗为了保证塑像整体色泽的柔和温润，特地采用意大利托斯卡纳山上出产的整块乳白色大理石作为雕刻材质，刻画了圣母抱着基督尸体的情形，整体呈沉稳的金字塔形构造，线条细腻传神，非常精准地表达了基督死后圣母的悲痛之情。

除此以外，圣彼得大教堂还保存着多位艺术大师的经典之作，它就像一座巨大的艺术宝库，散发着无可抵挡的魅力，吸引着成千上万人景仰的目光。

知识小链接

圣彼得大教堂是一座伟大的艺术殿堂，也是人类建筑史上不朽的瑰宝，凝聚着数代艺术家的心血和汗水。它那近乎完美的圆屋顶高高地耸入天空，象征着人类难以触及的天国乐土，又以一种艺术的美感带人走进人间天堂，给人带来自由自在、融入天宇的精神体验。它是先人给上帝的完美献礼，也是给后人的一份巨献。

◆ 圣彼得大教堂

Part.03 第三章

断臂维纳斯——神圣家族教堂

在世界上所有的石头建筑中，如果哪一座能使人同时产生狂喜和心碎这两种极端情绪，那它一定是神圣家族教堂。

天才高迪和"圣家堂"不得不说的事

在世界上所有的建筑师中，不管是历史上赫赫有名的，还是现当代名扬四海的，如果说哪一位是个彻头彻尾的完美主义者，那他一定是活跃在19世纪末20世纪初的天才建筑大师，西班牙"加泰罗尼亚现代主义"的代表人物——安东尼奥·高迪。传说中，

◆ 圣大教堂

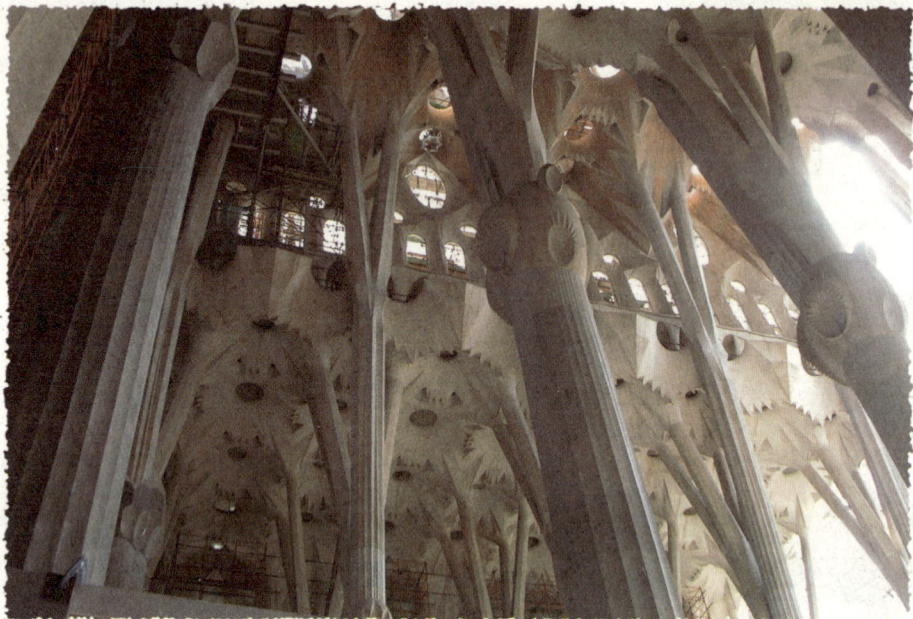

❖ 圣大教堂内部景观

高迪甚至会在红色染料不够粉刷整个房间，而一时又找不到其他合适材料的时候，用自己的鲜血涂抹尚未粉刷的地方，其对完美的追求可见一斑。

　　天才是无法超越的，只有高迪这样天生对建筑充满灵性的建筑师，才能建出神圣家族教堂这样在建筑史上具有崇高无上地位的建筑；天才也是无法模仿的，因此，放眼古今中外，神圣家族大教堂又是绝无仅有的——尽管这个世界上最著名的景点之一尚未完工，后来的建筑师们也无法继续完成这项工程：面对如此一座"增一分嫌多，减一分嫌少"的完美的残缺品，就像面对"断臂的维纳斯"一样，即使由技艺再超群的艺术家去续建，也难免有"狗尾续貂"的嫌疑。

　　于是，神圣家族大教堂至今仍然以一种略显缺憾但无损完

❖ 圣大教堂内部景观

美的姿态，耸立在欧洲最迷人的城市之一——西班牙巴塞罗那市中心。这座"能够令人狂喜心碎"的天主教教堂，堪称上帝的杰出建筑，是信徒们奉献给劳动者的守护神圣约瑟夫的礼物。

19世纪80年代，书商朱塞佩·玛丽亚·博卡贝里亚提出了建造神圣家族教堂的构想，得到了圣约瑟夫等信徒的大力支持。他们最初请建筑师维拉主持设计，维拉提出了新哥特式建筑方案，于1882年开始奠基，但由于一些原因，维拉未能继续整个项目。

1883年，刚过而立之年的高迪接手了这项工程。起初，高迪只是在原有方案上进行调整，他根据教堂与周边景物的关系，在教堂周围开辟了一片四星形广场，既获得了最好的视觉效果，又减少了建筑用地。1891年之后，随着建筑设想的成熟，他忠实于自己对建筑和上帝的理解，对整个方案开始了大刀阔斧的改造。"直线属于人类，而曲线归于上帝"，在神圣家族大教堂的设计中，高迪避开了直线和平面，完全以各种曲线变化组合出整体的韵律动感，从而建造出了这座未完成的世界奇迹。

❖ 圣大教堂

"圣家堂"不得不赏的那些奇景

如果随便扫视一下神圣家族大教堂，很多人都会误以为它只是一座用松软的黏土随意捏成的建筑，事实上，整座教堂都是用真正的红色石头建造，可以说凝聚着高迪大半生的心血，是他最大的荣耀。

在神圣家族教堂的建造中，高迪将隐喻手法运用得出神入化。在教堂的东、西、南三面，他以三个恢宏的正立面：诞生立面、荣耀立面、复活立面分别象征耶稣降生、受难、复活三个阶段。其中，立于教堂东方的诞生立面暗示着永生的奇迹，描述的是基督诞生的场景，由高迪亲手筑成，上面的塑像雕刻得非常精致逼真，每一个细节都和真实情景一模一样，从中不难看出艺术家付出的心血；复活立面描述的是"最后的晚餐"，雕塑线条简洁流畅，是约瑟夫·萨巴拉奇斯的作品。

在每个立面上部，分别建有四座高达107米的巨型圆塔，借以代表耶稣

◆ 圣大教堂内部

的 12 个门徒。另有四座塔象征四位福音传教士，簇拥着一座代表基督本身的中心塔尖。此外，北面还有一座高达 140 米的塔，象征着圣母马利亚。这些塔形状各异，高高地耸入云霄，看上去像是孔眼众多的蚁巢，上面装饰着五彩斑斓的玻璃、瓷砖以及球形花冠的十字架，营造出一种庄严肃穆而又不失生动梦幻的神圣氛围。如此深刻的喻意和繁丽的装饰，将神圣家族教堂的纪念意义推上了顶峰，也使整座建筑达到了宗教和艺术的高度统一。

❖ 圣大教堂内部景观

高迪对建筑艺术的完美追求，不仅体现在外观设计上，还体现在装饰上。他充满情感地将自然中的组织纹理运用到设计中，利用洞穴、山脉、骨头、花朵、光色、动物等元素的特点，营造意味深长、效果鲜明的装饰韵味。在高迪的理念中，建筑是有生命和活性的，他试图通过石头来展示建筑的"成长"过程。

❖ 圣大教堂内部景观

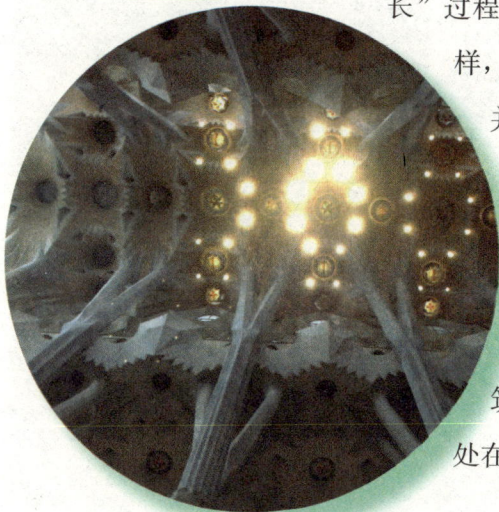

他像对待一件最珍贵的艺术品一样，对每一个细节都投入极大的热情，并运用疏放而自由的色彩、色调、质感、形态等来表现这些细节，力求使每一个细微之处都生动、逼真，焕发着生命的张力。

毫无疑问，神圣家族教堂是建筑史上的一朵奇葩，虽然它现在还处在修建之中，但它已经面世的部分早

最伟大的文明奇迹

完美主义者高迪是一位虔诚的信徒，对上帝的信奉和对建筑艺术的狂热，使他将后半生都奉献给了神圣家族教堂的建设。万幸的是，上帝将天才高迪派到人间，为我们留下这座不朽的丰碑；不幸的是，1926年一辆电车夺去了这位杰出建筑家的生命，只来得及为我们留下这座石头建筑中的"断臂维纳斯"，不免让后来人生出无限的感喟。

已征服了无数世人的灵魂。这部建筑界的超现实主义艺术巨作是属于巴塞罗那的，只有在那里，它才能尽情地释放自己的美丽；但它又不仅仅属于巴塞罗那，从开始修建到最后成型为美丽神圣的"神圣家族教堂"，不管是对西班牙还是对整个世界，它都具有非凡的意义。

❖ 圣大教堂内部景观

第四章
神秘的美洲文明

相比世界其他地区，美洲文明起步相对较晚，最久只能追溯到 3000 多年前。美洲文明最早开始于中美洲，以墨西哥为中心，在世界三大文明——玛雅文明、印加文明、阿兹特克文明中，有两个发源于墨西哥。美洲文明虽然起步较晚，但是它的科学性和艺术性丝毫不逊色于其他地区，且更具有神秘性。今天的美洲大陆已经成为考古界的热点地区，也是无数的旅游探险者的天堂。

■ **Part.04** 第四章

美洲文明概况

> 提起古代文明，人们就会想到古埃及、古巴比伦、古中国、古印度等四大文明古国。那么，在地球的另一面——美洲，有没有古文明呢？

美洲大陆由于被现代人发现得比较晚，和别的大洲相比，只能算是一个新大陆，但是它依然有着悠久的人类文明史。

美洲人是从哪里来的？

提起美洲文明，不得不提到一个问题：美洲人是从哪里来的？

据现有的资料考察，远古时的美洲大陆并没有人类居住。在距今大约100 000—12 000年前，由于获取食物的难度较大，人类必须不断地向其他地方迁移，以寻找更多的食物。那时，地球上的气温比现在要低得多，海平面也比较低，所以亚洲和美洲之间的白令海峡还是陆地。后来，居住在今天外蒙古一带的人通过白令海峡到达了美洲北部，并在那里长期生活，成为美洲

❖ 美洲文明

人的祖先。他们中的有些人就在北美定居下来，成为今天阿拉斯加爱斯基摩人的祖先；有些则继续向南迁移，成为美、加的土著如印第安人。到了约17 000年前，他们有的已到了中美洲，有些则走得更远，到达了南美洲，散居在整片美洲大陆上，创造了辉煌灿烂的文化。比如在大约3000—4500年前，美洲大陆上的农业就很发达，我们今天常见的很多农作物如玉米、马铃薯、辣椒、烟草、可可豆等都是他们培育出来的。

多姿多彩的中美洲文明

美洲文明最早开始于中美洲。大约3200年前，在墨西哥湾海岸诞生了奥尔梅克文明，被称为"墨西哥和中美洲文明之母"。当时他们形成的那些社会制度、神庙建筑、文字习俗以及宗教神话，都在后来中美洲文明的发展历程中沿袭了下去。

继奥尔梅克文明之后，中美洲出现了许多其他文明。其中，知名度最高的就是约在公元前500年开始出现的，衍生于今天的墨西哥南部和中美洲地区的玛雅文明。玛雅文明在天文、历法、数学、艺术等多方面都取得了和古希腊相媲美的成就，并在公元100年—公元900年间达到鼎盛的黄金期，它是中美洲文明的代表。

◆墨西哥湾海岸

跟玛雅文明同期出现的，还有发源于墨西哥中部的萨波特克文明，其宗教中心建在阿尔班山上。公元前100年左右，在现在的墨西哥城北面，出现了迪奥狄华肯文明。迪奥狄华肯文明时期，出现了宏伟的城市，兴盛时期人口可能达20万人。这一文明持续了6个世纪，在公元7世纪前后突然消失得无影无踪，只遗留下今日的迪奥狄华肯城遗迹。到了10世纪末，墨西哥中部出现了好战的托尔特克文明。托尔特克人流行在宗教仪式中以新鲜的人的心脏作为祭品，在以后的托尔特克文明中，也奉行相似的"活祭"仪式，到了12世纪，托尔特克文明走向了衰落。后来出现的阿兹特克帝国统治着墨西哥中部和北部地区达300年，建造了繁华的特诺奇蒂特兰城市，采用365天的太阳历。阿兹特克人自称为Mexica，即今日墨西哥的前身，特诺奇蒂特兰也成为今天墨西哥城的前身。

绚丽壮观的南美文明

南美洲虽然没有孕育出中美洲那么丰富的文明样式，但也具有十分悠久的文明史。

早在大约3000年前，南美洲西部太平洋沿岸的秘鲁中部安第斯山区就出现了查文文化，这被视为秘鲁日后其他文化的基础。当时的秘鲁人用大石建筑房屋和雕刻塑像，还能制造出精美的金器，以美洲虎为崇拜对象。查文文化延续了大约700年，之所以被称为文化，是因为它的文明程度尚低，还不能算是文明。

❖ 南美洲风景

查文文化结束之后，在秘鲁的北部和南部同时出现了莫奇卡文明和纳斯卡文明。莫奇卡人会制作精美的陶艺，还建造了金字塔；纳斯卡人保存物品的技术非常发达，他们的彩色纺

在没有铁器和车辆的时代，印加人取得的极大成就令今天的人们仍然充满了疑问和惊叹，也给考古界带来许多挑战。印加遗址散布在南美洲多个国家，但最主要集中在秘鲁的马丘比丘，那里已成为印加甚至世界上神秘古城的象征，每年都有大量的世界各地旅游和探险爱好者前往。

织品可以保存千年不褪色。更使他们扬名的是，他们遗留在荒原上的用石子铺成的各种巨型图案，直到今天，科学家也没能研究出图案的含义，成为世界十大谜团之一。有人根据秘鲁是发现 UFO 最多国家这一点，猜测这是纳斯卡人和外星人沟通的语言。

在秘鲁和玻利维亚边境的的的喀喀湖附近，公元 5 世纪—10 世纪还出现过一个蒂瓦纳库帝国，在它的遗址上出土了大量的陶缸。这个帝国对以后即将出现的印加文明有过巨大影响。

从公元 7 世纪到 1438 年期间，秘鲁出现了多个国家，它们都是从都市发展出来的小国。其中，最为繁盛的是位于秘鲁北面的奇穆王国。它的首都在昌昌，建筑宏伟，人口众多。奇穆王国和印加帝国在 1462 年开始了长期战争，印加帝国最后获得了胜利。

印加文明并不是古老的文明，它最早出现于约公元 1200 年，活动范围也只限于库斯科城一带。经过连年的征战，印加帝国统治了南美洲的大部分地区，但是 100 年后就被西班牙殖民者打败了。印加人最著名的是石造建筑工艺，他们在许多地方都建造了大石建筑。印加人还构建了令人惊叹的交通系统，他们修建的长达 23000 多千米的山中驿道，需要克服的困难远远超出人们的想象。印加人的陶器制作也很精美，造型生动，而且作风大胆，很多都以男女之情为塑造对象。

Part.04 第四章

太阳神居住的城——库斯科城

1530 年，一位西班牙殖民军军官对着被他们的军队占领的一座城市发出大声感叹："世界上没有任何地方比它更加雄伟！"这就是库斯科城，古印加文明的中心和发源地。

库斯科城的"前生今世"

11 世纪，生活在秘鲁南部一带的印加人中流传着一个神话：在秘鲁和玻利维亚交界处，有个淡水湖——的的喀喀湖，它是世界上最高的湖，湖里有一个小岛，太阳神就住在那个岛上。他创造了一对男女，这对男女后来离开了的的喀喀湖，走遍了安第斯山脉，最后在一块肥沃的谷地安下家来，繁衍后代。他们以太阳神为父亲，自称为"太阳的子孙"。为了纪念太阳神，他们建造了库斯科城，将库斯科当作"世界的中心"。12 世纪，繁华的库斯科被定为印加帝国的国都。到了 15 世纪初，庞大的印加帝国被建立起来，并创造了灿烂的印

◆ 库斯科遗址

加文化，成为南美文明的最高峰。

库斯科城内的建筑展现出空前绝后的华丽精美。1533年，西班牙殖民者占领了这座南美最大的城市，结束了印加帝国的统治，他们大肆破坏、掠夺，使库斯科城几乎变成废墟，但城内的许多印加帝国时代的建筑遗址还是留存了下来。今天，人们仍然可以在库斯科城欣赏到当年印加人那些由重达几十吨甚至上百吨的、磨制精良的巨石依旧支撑着的欧式建筑。

西班牙殖民者在占领了库斯科城后，又修建了大批屋舍，这些房屋多是用古城的石料砌成，或直接在印加人的旧房基上盖起。在城中不难看到这样的情景：许多建筑的下部是印加人严丝合缝的石墙，中上部却是欧式的风格，这种融合的建筑风格，被誉为"西班牙——印加"的独特建筑方式。

再现库斯科城往日的辉煌

印加人十分尊崇太阳神，太阳神庙是库斯科城举行宗教庆典和节日狂欢的神圣场所，据说太阳神的儿子——印加王国的始祖曼科·卡帕克将金杖插在此地，这里便成为最先领受太阳光芒的吉祥圣地。

据西班牙的一位史学家记载：太阳神庙整座庙宇用精心修整过的平滑的巨大石板砌成，庙里有一个很大的祭台。神庙面朝东方，由一个主殿和五个小殿组成；主殿占地400多平方米，从上到下都镶着厚厚的纯金片，又称"金宫"。神庙正面墙壁上是太阳神像。神

❖ 库斯科遗址

像是一块用黄金制成的圆形凸片，上面绘有男子脸形，周围环绕着光芒和火焰。神像面朝东方，在太阳照射下，放出万道金光。太阳神面前正中放置着一把华丽的御椅，举行典礼时，当政的印加王就坐在上面。左右两侧排着的金椅上供奉着历代印加王的木乃伊。主殿的周围是五个正方形的小殿：第一间是供奉月神——太阳神的姐妹和妻子的月神殿，殿里的每一件东西都是纯银制成的，月神像是绘有女人面容的银制圆凸片；第二间是星殿，殿中所有的器物也都是银制的；其他两间分别供奉着雷神和闪电神；最后一间的墙壁上镶满金银宝石，供祭司们使用。毫不夸张地说，整座太阳神庙就是一座财宝和艺术仓库。西班牙殖民者来到这里后，将神庙中精美绝伦的器物全部熔

铸为金锭、银锭，运回西班牙，致使这些艺术珍宝遭到了毁灭性的的破坏。

此外，秘鲁历史学家德加维尔在1560年记载道：在太阳神庙的近旁，曾有一座献给太阳神的"黄金花园"，园中

❖ 库斯科遗址

有多得几乎难以计数的用金银宝石制作的各种器皿和动植物，每件物品都制作得栩栩如生，显示了印加人高度发达的手工工艺。

今天的库斯科城

走进库斯科古城，最显眼的就是库斯科太阳神庙和庙前的中心广场。中心广场正中耸立着一位印第安人的全身雕像，四周是西班牙式的拱廊和四座天主教堂。几条狭窄的石铺街道成放射形通向四周，街道两旁有一些土坯建造的尖顶茅屋；广场东北，是建在高耸的金字塔顶的太阳庙、月亮神庙和星

神庙；广场东南，是对立着的太阳女神大厦和蛇神殿的墙壁遗迹；广场西南方，有一个较小的广场，是昔日印加人欢庆帝国军队凯旋的场所。广场附近有考古博物馆，展出印加帝国时期遗留的陶器、金银器皿等。

❖ 库斯科遗址

库斯科最著名的建筑是萨克萨瓦曼圆形古堡。古堡建在距库斯科城 1.5 千米处的一个小山坡上，是举行"太阳祭"的地方，也是俯瞰全城的军事防御系统。古堡从上至下有三层围墙，每一层墙高达 18 米，长 540 米，全用巨石垒砌而成；古堡下层台阶用石板铺成，长达 800 米；地下有用石头砌成的网状地道，和古堡最高处的三座塔楼相通；主塔楼是圆柱体，基层呈放射状，塔内有温泉；其他两座塔楼呈正方形，是驻扎军队的地方。其主堡是 15 世纪 70 年代开始修建的，直到 50 多年后，西班牙人入侵之前还没完全竣工。这

❖ 库斯科遗址

库斯科城是世界著名的考古中心和印加文化中心。1944年，太阳节祭祀活动在中断了400年后又在库斯科得以恢复。在1981年举行的16国印第安人代表大会上，与会者共同宣布库斯科城为"世界印第安人的首都"。1983年，联合国教科文组织将库斯科城作为文化遗产列入《世界遗产名录》。

声音能传到40千米之外。

里也是印加王的行宫，这一宏伟壮观的建筑群结构新颖复杂，建筑庞大坚固，彰显了印加帝国强大的国力和印加人精湛的建筑技艺，是美洲古代印第安人最伟大的古建筑之一。

库斯科另一个著名的建筑是大教堂，里面有一口130吨重的大钟，它悬挂在教堂顶端的福音钟楼里，是南美大陆最大的钟，钟声响起时，

❖ 库斯科遗址

建在悬崖上的城市——马丘比丘

神秘的印加人，创造了南美灿烂的文明。他们不但创建了伟大的库斯科城，还建造了一座谜一样的城市——"空中之城"。

对于考古界人士来说，你可以不知道库斯科城，但是你一定要知道马丘比丘这个名字。

当西班牙殖民者轻易地灭掉了印加古国，整个秘鲁沦为西班牙的殖民地之后，一个传说就一直在民间流传着：在茫茫的安第斯山脉中，有一座未被发现的神秘的印加古城。为了找到这个古城，探险家们在安第斯山脉中搜寻了 300 多年，许多人甚至怀疑它是否真的存在。直到 1911 年 7 月，美国耶鲁大学教授海勒姆·宾汉在印加都城库斯科 120 千米外，找到了这座隐藏在海

❖ 马丘比丘

拔高达 2400 米的群山的密林之中，被白云遮盖着的高原城郭。它的原始名字已经无法考证，于是人们借用了附近一座山的名字，将它定名为马丘比丘，含义为"古老的巅峰"。

马丘比丘遗址高高耸立在海拔约 2350 米的山脊上，两侧"面临"着高约 600 米的悬崖，峭壁下则是日夜奔流的乌鲁班巴河水，被郁郁苍苍的热带丛林包围着。令考古学家备感兴奋的是，整座城只有自然侵蚀的痕迹，尚未受到人为的破坏。这对于人们对它的真实情况的考察，具有十分重要的意义。

马丘比丘城"长"什么样

马丘比丘城占地约 13 平方公里，分为城区和梯田两大部分，城区占地约 5 平方公里，长达 1000 米，宽达 500 米。城区又以中央广场为界，分为上城和下城，上城略高于下城。城内所有的建筑物都是用各种不同形状的巨大花岗岩石块砌成，房屋的墙基直接凿嵌在岩层上，在不使用砂浆的情况下，这些石块被巧妙而又精确地拼合起来，看起来整面石墙就是一大块完整的石头。

正是因为印加人这种超凡的技艺和科学的设计施工，使得几百栋房屋得以完整地保存

❖ 马丘比丘遗址

到今天。

印加人在建造古城时，非常巧妙地利用了地形的起伏之势，将太阳神庙、祭坛、贵族庭院、平民或奴隶的住房及一些公共设施等建筑物安排得井井有条。平整的一级级条石台阶连接着各个街区、广场、房屋，从城脚到城顶共有 3000 多级石阶。

在城区外的山脊斜坡和后山上，印加人还开辟了百余层梯田，每层梯田都有石头垒砌的护坡，这些护坡高约 3 米，长约 100 米，一直垒到山顶。他们在这些梯田里种植玉米、土豆和其他农作物，作为食物的来源；为了从安第斯山脉引来雪水作为灌溉及生活之用，他们还修建了四通八达的石壕沟。

马丘比丘城是怎么"来"的？

马丘比丘城到底是什么时候建造的？考古界的主流看法是，它建于 15 世纪末印加帝国鼎盛时期。而有一些学者认为，至少在公元前 4000 年时古城就已经建好了。如果后一种说法成立，那么古城就不是印加人建造的。但是，无论哪一种说法是正确的，印加人都在这里居住过，直到西班牙人入侵。他们在这里留下了最重要的居住证据：用来完成祭祀太阳神的盛典的场地。在太阳神庙前的广场上，有一块拴日石，在冬至那天，人们就会跪在拴日石前叩拜，希望光明被拴住，太阳永远照亮

❖ 马丘比丘遗址

❖ 马丘比丘遗址

世界。

　　印加人为什么在这个掩蔽的地方建造了马丘比丘城？当年古城的发现者海勒姆·宾汉在刚一发现马丘比丘时，就坚定地认为，马丘比丘是一座印加人修建后作为最后关头避难的城市。但是许多学者不同意他的观点，他们通过对马丘比丘城的建筑遗迹考察，认为马丘比丘城是一座专供侍奉太阳神的圣女们居住的城市。

　　印加人自称是太阳神的子孙，对于太阳神非常崇拜。为了表示对太阳神的敬奉，他们每年都会挑选美貌而虔诚的少女祭拜太阳神。这些少女来自全国各地，一旦被选中，必须终生保持贞洁，她们被安排住在马丘比丘城，等到有重大祭祀太阳神活动时，她们将被作为祭品活祭太阳神。一些犯罪的男性奴隶则会被派到这里来耕作，他们的劳动所得加上国家的补贴维持着圣女们的生活。对于这个推测，在马丘比丘山顶发现的一个地下墓室可以作为佐证：这个墓室里共出土了173具木乃伊，其中150具为女性。这证明了马丘比丘城中的男性数目远远少于女性。

　　学者们提出这种推测还有另外一个原因：由于这个城市功能的特殊性，马丘比丘城建造的地形非常掩蔽，不但印加帝国的臣民很少有人知道这个城市的存在，而且任何典籍中都没有关于这个城市的记载。

如果按照这种解释，古城被废弃很可能是在西班牙殖民军占领库斯科以后，印加帝国和西班牙人连年战争，根本无暇顾及马丘比丘。马丘比丘城里多是女人，她们或者是因为生活失去了保障，或者是打算借这个机会逃命，于是人去城空，留下保存完好的一座古城。

知识小链接

马丘比丘被发现后，1913年，美国《国家地理》杂志用了整个4月刊来介绍这座"失而复得"的古城，使这处遗址受到了世人广泛的关注；在1983年，马丘比丘被联合国教科文组织定为世界遗产，是世界上为数不多的文化与自然双重遗产之一；2007年7月7日，被评为"世界新七大奇迹"之一，现有从库斯科直接到达这座美丽古城的铁路。

❖ 马丘比丘遗址

Part.04 第四章

地面上的巨画——纳斯卡巨画

你见过画在地上的画吗？而且这些画大到必须在 300 米的高空才能看见图案的全貌。在神秘的纳斯卡就有这样一幅巨画。

南美洲文明的主要发生地是今天的秘鲁。几千年来，在这片土地上，出现了丰富多彩的文明形式，这些文明也为今天的秘鲁留下了一个个神秘的遗迹。

无意间被发现的沙漠巨画

纳斯卡沙漠位于秘鲁南部的高原上，常年雨水稀少，土地干燥，农作物的生长主要靠引水灌溉，历史上这里曾出现过纳斯卡文明。到了 16 世纪 30 年代，西班牙殖民者入侵秘鲁，他们在穿越这片寸草不生的荒漠时，见到旷野上分布着许多宽窄、深浅不一的沟和石垄，就以为这是道路，于是他们顺着这些石垄走，结果

◆ 纳斯卡巨画

绕来绕去都走不出这片荒原。

400 年后，飞机的发明使人类可以在高空飞行，扩大了视野。20 世纪 30 年代的一天，一架民运飞机飞过纳斯卡上空，飞行员无意中低头看见地面上有一些形状奇怪

❖ 纳斯卡巨画

的线条，像是灌溉水渠，又像是古河道的遗迹。于是他把这件事告诉了科学界的一些人士。1939 年，听说了此事的美国人保罗·柯索科带着一支考察队赶到纳斯卡地区，开始研究这些貌似古代灌溉系统遗迹。他们发现这些巨大的线条散布在几百平方公里的沙漠地表上，有的是挖得深浅不一的沟，有的是在地面上用石头或土壤堆积而成的垄。沟深从几十厘米、几百米到几千米不等，宽度为 2~3 米，长从几十米到两三千米不等，以笔直的直线和箭头形状为主。其中有些图形中的直线从沙漠、河床等各种地形中穿过，长达 8 千米以上，却始终保持着笔直。不知道那时的纳斯卡人是以什么为参照物来完成这项工程的。

巨画的神奇之处

由于这些图案过大，人在地面根本无法看见线条的全部，只能见到一条条不规则的深坑和纹路。最后考古学家们通过在 300 米高空观察，才发现这些不规则的线条竟是一幅幅巨大的图案！

广阔的沙漠上，几千条直线、曲线纵横交错，形成了许多几何形状，数百幅奇异的动物、花草、人物图像点缀其中。这些古代刻在地面上的巨画，

图案大小不一，尺寸一般在 25~70 米。其中有 108 米长的卷尾猴，46 米长细腰圆肚的亚马逊蜘蛛，"张牙舞爪"的章鱼，长着人手的蜥蜴，巨型的蜂鸟、秃鹫、海鸥、穿山甲、花、蛇、蚂蚁等人类认识或不认识的物体。有一幅巨鹰图案长达 200 米，从高空俯瞰，看到巨鹰紧贴在大地上，张开两只巨大的翅膀，似乎要腾空飞起。更令考古学家们感到惊奇的是，在一片山坡的地面上发现的画里，除了秃鹰外，里面的其他鸟兽都不是当地的物种。

捉摸不透的巨画含义

纳斯卡荒原发现巨型线条画的消息传出后，许多考古界人士来到纳斯卡，对这些巨画进行航空摄影和测绘。经过长期的空中和地面的双重考察，对于这些线条画的完成方法，考古学家们基本有了一个确定的答案。沟的部分是将地面褐色表层挖去，露出下面的浅色岩石层，远远看去就像一条"白线"。有时沟底还根据图案的需要铺上彩色石块，看起来五彩斑斓；而那些石垄则是用卵石砌成的。考古学家还通过对石头所属年代的鉴定，推断出这些图像大概是 2000 多年前"画"成的。这样一个巨大的工程，要耗费多少时间才能完成？更让人难以理解的是，在没有飞行器的古代，地面操作人员是怎样按比例完成这些设计好的图案的呢？

❖ 纳斯卡巨画

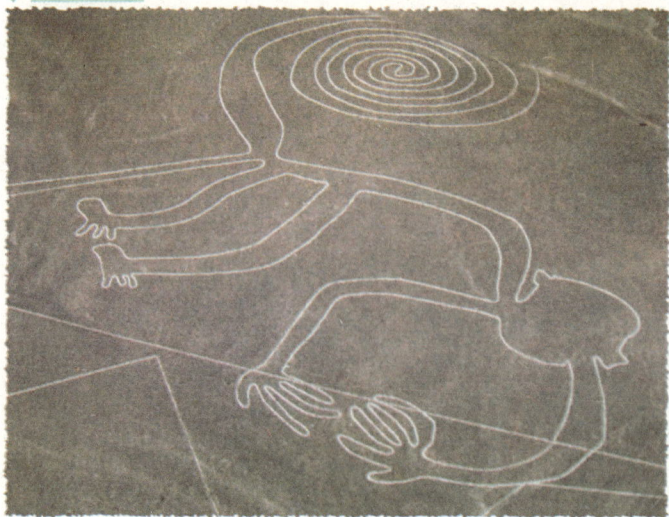

最令人感兴趣的是，纳斯卡人花费如此大的精力来"画"这些画的目的是什么？这些画包含着什么含义？考古学界对此也有多种看法。

保罗·克索克是最早来到纳斯卡

考察巨画的人。冬至那天的黄昏，他在荒原上散步，此时的太阳在西方落下，和巨鹰图案的一条沟成一直线，他突然醒悟：难道这条线代表着冬至？其他的线条和图案是不是都代表着特定的天象？于是，克索克博士认为这些巨画是用来代表天文现象的。

德国数学家、天文学家玛丽亚·莱希长期对纳斯卡巨画进行研究，她对克索克博士的看法完全赞成。她在1968年出版的《纳斯卡沙漠之谜》一书中说：纳斯卡巨画是纳斯卡人长期观测天象的记录，这些图案有的是天文定向标志，有的是天上星座的缩影。它精确地标示

❖ 纳斯卡巨画

出当时的各种季节和四季天象，是一幅巨大的年历表。

有些人认为巨画同天文没有任何实质性联系，那些似是而非的图形，和天象仅仅是一种巧合。他们考证出在远古时期的纳斯卡人流行一种天葬：部落的首领死后，他的遗体被放在一个大篮子里面，篮子上系有黑色的气球，在全族人的目送下，气球带着篮子飞向天空，首领就进入了天国。而首领的灵魂可以根据纳斯卡巨画找到回家的路。而且，20世纪的70年代，有人在某个图案中找到了发送气球上天时燃烧过的线，有力地佐证了这一说法。

还有一些学者认为巨画是有关神力和命运的。历史学家艾伦·沙耶尔认为其中含有巫术的含义，纳斯卡人认为只要沿着这些线条行走，就可以从中吸取幸运的神力。还有人认为图案是纳斯卡人部族从事祭天和祈神活动的图画记录。

知识小链接

纳斯卡巨画被发现的70多年来，它以独特的魅力引起了世人极大的关注和兴趣。到今天，它的一切都还只是猜测和推想，人类无法还原历史，只能通过已掌握的科学知识来尽量还原历史。正如玛丽亚·莱希慨叹：优秀古谜的真谛就是谁也不能真正解开，纳斯卡巨画正是如此。

Part.04 第四章

"谜中之谜"——乌斯玛尔

2012 年 12 月 21 日，一个大家都很熟悉的日子——世界末日。这是《玛雅预言书》里的预言，它让许多人知道了玛雅。

玛雅文明诞生在今天的墨西哥的尤卡坦半岛和危地马拉等地区。玛雅人是印第安人的一支，他们创造了古老的玛雅文明。玛雅人和他们的文明一样神秘，他们崇拜巫术，还喜欢把建筑建在茂密的热带雨林中。好在这些留在密林中的古遗迹并没有引起西班牙殖民者的注意，才使它们保存下来。直到 19 世纪之后，玛雅文明的巨大神秘力量才吸引了世人的目光，而它的古城乌斯玛尔更是成了一个"谜中之谜"。

玛雅文明发展"三部曲"

关于玛雅文明的历史时期，美国考古学家哈德蒙提出了一种比较可信的说法。他将玛雅文明分为三个阶段。

第一阶段叫前古典时期，从公元前 2500 年开始萌芽，是农业村落的新石器时

◆ 术士金字塔

期，后期出现了文字。这个时期乌斯玛尔已经开始修建。

第二阶段叫古典期，约为公元 250 年—公元 900 年，是玛雅文明的鼎盛期，这个时期出现了许多已经成型的城市，每个城市就是一个独立的小王国，使用共同的历法和文字。这时的乌斯玛尔已成为一座有相当规模的城市。

第三阶段叫后古典期，这个时期也叫作"玛雅—托尔特克"时期，约在公元 900 年—1520 年。这一时期，玛雅文化与托尔特克文化交会融合，尤卡坦半岛统一成为一个强大的国家——玛雅潘，玛雅的名称由此而来。一直到1520 年，墨西哥被西班牙人占领，玛雅文明消亡了。这个时期的乌斯玛尔成为玛雅文化中心。

乌斯玛尔城的著名建筑

乌斯玛尔城作为当时玛雅人最大的城市和宗教中心，有着辉煌的文化史和无限神秘的魅力。

它位于尤卡坦的北部，主要建筑在一个东西跨度为 600 米，南北跨度1000 米的长方形区域内，一条南北方向的中轴线把主要建筑物依次排开在两

❖ 术士金字塔

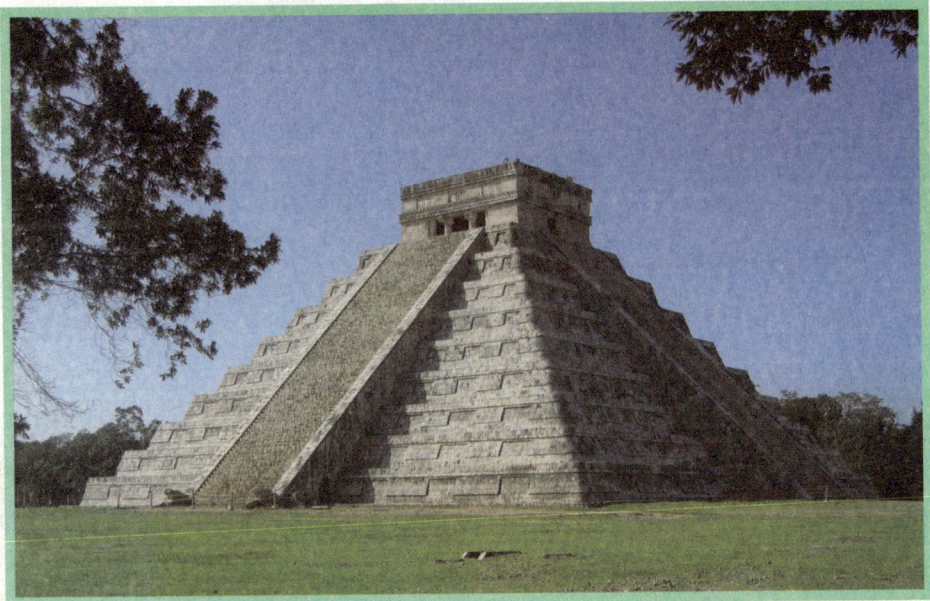

旁，布局非常讲究。

在乌斯玛尔城，最显眼的就是遗迹的中心耸立着的 38 米高的"术士金字塔"。塔身呈椭圆形，整个塔用石块建成，前后两面都有石阶，前面共有 121 级陡峭的石阶，一直通往顶端平台；后面的台阶分成了三段，每段都修建了一个缓冲平台。祭司们就从这些狭窄的石阶，登上高高的塔顶，进入神庙里占卜星象，预测未来，祈求平安。一位西班牙传教士曾记载了在这座金字塔的神庙里进行人祭的恐怖情景。传说这个建筑物是法术师在一夜之间建成的，所以取名"术士金字塔"。实际上，石构的金字塔是持续了 300 多年，先后 5 次建造而成的。神话传说将金字塔和法术师联系在一起，只是为了表明金字塔的宗教仪式的功能和增强它的神秘感。整座金字塔都用符号和雕花来装饰雨神的形象；最令人惊奇的是，整座城市的建筑都与当时所知道的行星位置相对应，代表金星的金字塔处于最显著的位置，位于全城建筑物的中心；这座神奇的金字塔还具有导向功能，每当夏至那天，它西侧的楼梯就会正对着落山的太阳。

乌斯玛尔另一个著名的建筑是总督府，位于术士金字塔的北面，是当时

❖ 乌斯玛尔

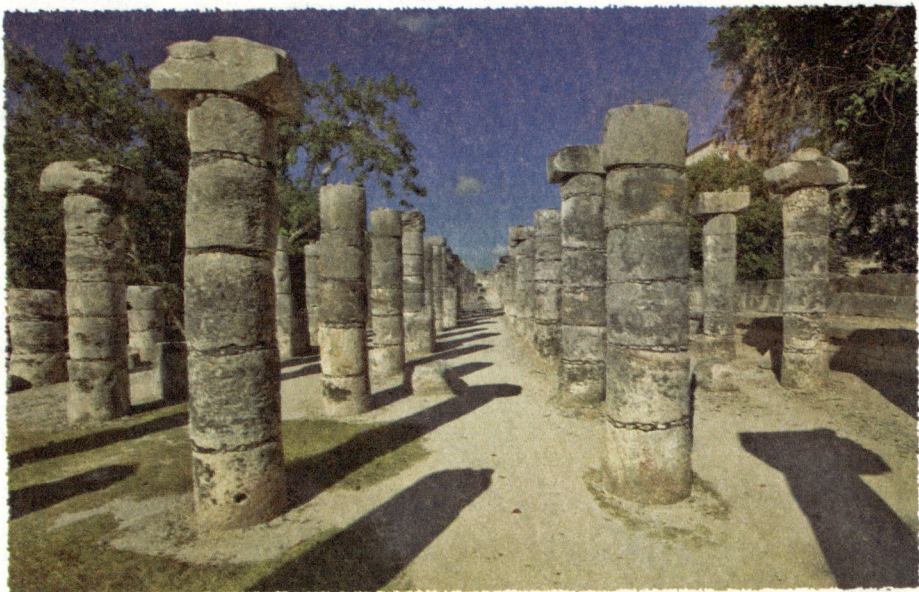

贵族的聚会场所。在乌斯玛尔现存的遗迹中，它是规模最大、建筑最精美的建筑，大约建于10世纪或11世纪，主要建筑材料是石灰石。总督府前俯卧着双头美洲豹石雕，那是当年的祭坛遗留下来的仅存遗迹。建筑长98米，宽12米，高10米，矗立在一座120米长、9米宽的高台上，通过高台中央宽阔的台阶可进入府内。总督府共有3座建筑物，主建筑位于中央，有7扇门，穿过3扇就进入主殿，门的上方安置着一幅王子端坐御座的图像；左右两翼的建筑物略小，都有拱顶走廊与中央建筑物相通。整个总督宫殿外檐上部，镶嵌着一道3米多宽的雕花石块，这些石块拼成150个一模一样的羽蛇神面具。每个面具都由18块体积、形状完全相同的石雕组成，共用了2.25万块石雕。正是从这个意义上，这座宫殿被看成玛雅建筑艺术的顶峰。

　　和玛雅别的大型建筑一样，总督府同样蕴含着天文学的意义。天文学家对这座建筑进行了计算，发现整座建筑对应着金星运行的最南的赤道纬度。按照记载，玛雅人早就发现，金星绕太阳运行一周需要224.7天。大约每隔584天，金星就会在天空的同一地点升起。他们还发现金星的运行是不规则的，584天只是一个近似值。于是，他们算出金星在漫长时期中运行的平均精确周期为583.92天，这个数字已被现代天文学家所确认。由此可见玛雅人玛雅文明是世界上最伟大的古文明之一，是南美洲古代印第安文明的杰出代表。这个文明曾经因为太过辉煌而使后人有些难以置信。它的突然消亡，给世人留下了巨大的不解之谜。而保存完好的乌斯玛尔以它建筑所展示出的天文、数学等方面的卓越成就，成为代表古玛雅文明的三大文化中心之一。

观测金星的精密程度。玛雅人推算出的金星运转周期，1000 年仅差 1 天，简直难以令人置信。人们不由得发出这样的疑问：古时候的玛雅人是从哪里"获得"这种精确的计算能力的呢？

乌斯玛尔城另一座有名的建筑——"修女方院"，被称为乌斯玛尔最好的四方建筑之一，是在玛雅文明最后一个阶段建造的。它的四面是四座长长的楼房，这些楼房都建在高高的平台上，环绕着中间的广场，总共有 88 个房间。建筑物上装饰着精美的羽蛇图案和雨神图腾，每一个都刻画得栩栩如生。

❖ 术士金字塔

Part.04 第四章

古代世界的中心——蒂瓦纳科古城

的的喀喀湖是南美洲第二大湖，这片湖区曾经孕育过许多古代文明，被印第安人奉为"圣湖"，著名的印加文明也源于此湖。

的的喀喀湖东南约 20 千米处，在玻利维亚境内，公元 5 世纪—10 世纪时曾出现过一个蒂瓦纳科帝国，创造了影响深远的蒂瓦纳科文化，它的宗教和政治中心就在蒂瓦纳科城。在古印第安语中，蒂瓦纳科是"创世中心"之意，所以蒂瓦纳科古城被称为"古代世界的中心"。

难以窥探的蒂瓦纳科古城历史

16 世纪时，西班牙人曾经来到过这座荒废的古城。他们向在附近生活的印第安人打听古城的情况，结果，没有一个人知道这座城是什么人在什么时候建造的，只知道它的名字叫蒂瓦纳科，代表着世界的中心，是一座废弃已久的圣城，每年都会有许多人前来朝拜。

❖ 蒂瓦纳科古城遗址

蒂瓦纳科古城坐落在海拔 3500 米高的安第斯山脉上，约建成于公元 4 世纪。这座布局考究、充满格调的城市建成后，很快就发展成为居民的聚居中心。公元 9 世纪时，蒂瓦纳古城的发展达到了鼎盛时期，据后来的考古学家估计，那时有 3 万~4 万人居住在这座繁华的城市里。城市里还修建了许多大型的建筑，例如梯形金字塔、宗教建筑和城市中各种公共活动中心等。

难以尽数的古城建筑遗迹

❖ 蒂瓦纳科古城遗址

由于年代久远，蒂瓦纳科古城的毁坏现象十分严重，只有少数的建筑得以完整地保留到现在。整座城的四面都修建着高高的坚固石墙，用来抵御外来侵犯，而城中的每一座城门都是用一整块坚硬的石头雕琢而成。在现存的建筑遗址中，最主要的有阿卡帕纳金字塔，这是遗址中最长的建筑，也是世界上最大的梯形金字塔。过去，人们一直认为这座金字塔是一座人工堆建的小山，用大量雕刻得十分精美的石头堆砌而成。后来，经过考古学家的精密考察，人们才发现它是一座金字塔。阿卡帕纳金字塔最奇特的地方是它的地基，整个是由一块块经过精密切割的石头严丝合缝地垒砌起来的，它也是蒂瓦纳科的标志性建筑。

蒂瓦纳科最著名的古迹是"太阳门"。整个门由一整块巨大的安山岩雕凿而成，门上正中间有一个太阳神像的浮雕。门框上布满了雕刻出来的各种

❖ 蒂瓦纳科古城遗址

花纹图案，这些图案轮廓清晰、刀法刚劲有力，集中反映了蒂瓦纳科文化的艺术特色。

蒂瓦纳库古城中心的荒地上，修建了六个"T"形台地，每个"T"字下面都由垂直石柱托举着，这些台地是蒂瓦纳科的另一个显著标志。但是，至今也没有

人弄清楚这些台子的用途。台地的地面上布满一层厚厚的灰土，似乎要告诉人们，它极有可能是从地下挖掘出来的。

❖ 蒂瓦纳科古城遗址

此外还有大卡拉萨萨亚神庙，它位于阿卡帕纳金字塔的北面，是蒂瓦纳科人举行宗教仪式的场所。从它的遗址中可以看出，这座神庙长 118 米，宽 112 米，底部的台基和四面的墙壁由几吨甚至几十吨的巨石砌成。庙中摆放着形形色色的石雕、石碑，其中最引人注目的是一座高达 2.4 米，重达 4 吨的人像石雕。神庙边上的一面是坚固的长方形石墙，是它与其他建筑物的"分界线"。神庙的周围，还分布着一组由正方形建筑组成的建筑群。

考古学家对蒂瓦纳科古城中心和周围的壕沟考察后发现，这里的壕沟主要是用来排水的，而不是军事防御系统。由于年降雨量很大，这些壕沟可以把城区的水分流，最后排进蒂瓦纳科河里。在那个时候就已经能够修建出如此发达的排水系统，蒂瓦纳科人的智慧着实令人叹服。

古城先进的手工和农业技术

蒂瓦纳科还出土了大量做工精细的陶罐、铜器、银器等雕刻手工艺品。

❖ 蒂瓦纳科古城遗址

1932 年，有人在地下深达 3 米的地方挖出了一座 7.3 米高的巨人石像。在出土的陶器中，有一件非常有名，上面描绘着代表蒂瓦纳科的神物美洲豹和美洲狮的图案，做工精美，花纹细腻。这是当时蒂瓦纳科人高超手工技艺最有力的证据。

蒂瓦纳科古城是南美洲文明的又一个谜，同许多其他的美洲文明一样，这一文明的消亡暂时还没有找到任何明确的原因。尽管蒂瓦纳科文明消亡了，但是随着当时帝国版图的扩大，经济交流越来越频繁，举世闻名的美洲驼队载满货物穿梭在各地，把他们的文明带到了新的地方，从这个意义上说，蒂瓦纳科文明其实并没有消亡。

蒂瓦纳科当地的土壤条件和气候条件都十分适宜农业耕作，显然，古时的蒂瓦纳科人充分利用了这一地区优渥的自然条件。他们根据地形的变化和农业生产的需要，挖出许多渠沟，这些沟渠间的距离通常在4.8~9.1米。渠和渠之间的土地用于种植农作物，渠中养殖着鱼虾，并种植了一些水生植物，用来做食物和生产肥料。渠中的水还可以调节土壤的温度，使作物不被冻坏。这种被证明为非常成功的先进的农耕方式被玻利维亚人沿用至今。但不无遗憾的是，由于缺少详细的文献记载，现代人对蒂瓦纳科古城当时的手工业、食品贮藏方法和他们独创的捕鱼法知之甚少。

❖ 蒂瓦纳科古城遗址

Part.04 第四章

荒原上的"空中楼宇"——悬崖宫

在世界所有的未解之谜中，有一个最美的建筑奇迹，它坐落在荒无人烟的悬崖峭壁中，是真正的荒原上的空中楼宇。

它就是举世闻名的"悬崖宫"，一片被誉为"历史的惊叹""失落之城"的古文明遗址。千百年来，它一直"藏身"于美国西南部科罗拉多州的梅萨峡谷，在落基山峡谷深处渺无人烟的悬崖峭壁中，冷眼地看着历史的更迭、时代的兴衰。

◆ 悬崖宫

❖ 悬崖宫

"沉睡"近千年才被发现的城堡

那是 1888 年冬天的一个寒冷的日子，两个牧童像往常一样赶着牧群在梅萨峡谷附近放牧。本来这是一个再普通不过的日子，却因两头牛的走失变得不寻常起来——当两位牧童来到峡谷边缘时，没有发现丢掉的牛，却无意间发现了一处令人惊叹的壮观景象：在陡峻的悬崖上，层层叠叠地排列着一栋栋石筑的房子，组成了一座矗立在峡谷中央的辉煌城堡。四周耸入云霄的峭壁犹如天然的屏障一般，把"城堡"跟外界隔离开来，宛如一处世外桃源。

这是这座"遗失"数百年的城堡第一次跟现代人"见面"，两位牧童被它不可言喻的美征服，不假思索地将它命名为"悬崖宫"。很快，悬崖宫被发现的消息就传播开来，引起了社会各界的广泛关注，人们普遍猜测它是历史上某个消失了的神秘民族的生息之地。考古学家们也从四面八方会集到梅萨峡谷，试图揭开这座城堡静默近千年背后的秘密。

经过长期考察和反复论证，考古学家们发现这片始建于 1073 年，约建成于 1273 年的建筑群已经"沉睡"了 700 年之久。事实上，早在 16 世纪末，西班牙人就曾从墨西哥到过科罗拉多州西南部高原弗德台地。当时那里荒无人烟，这些西班牙人的眼光并没有在这一宏伟的奇迹上稍事停留，而是"聚焦"在寻找金矿上。他们把这片土地称为"普韦布洛"，取其"村""镇"之意；把当地的居民称为"普韦布洛人"，这些土著居民究竟属于哪一个民族，由于缺乏充足的文字记录，到现在也没有一个确切的考证结果。唯一可以肯定的是，"普韦布洛"印第安人的祖先为世人留下了"悬崖宫"这一建筑奇观。

探秘"失落之城"

走进"失落之城"你会发现，这一多层式家用住宅和公共建筑的结合体，俨然是一座初具规模的原始城市雏形。但不同于现代化城市的是，这里没有四通八达的街道和集中分布的商店、作坊，也没有代表统治阶级权威的政权机构，只是一个规模较大的村落聚集区。

参观着悬崖宫的遗址，我们不妨将历史"倒回"1000多年前：一群普韦

❖悬崖宫

157

◆ 悬崖宫

布洛人来到这块方圆210.7平方千米的台地，并在这里定居下来。他们以家族为单位聚居，建立了300多个阡陌交通的村落，并在村落四周修建了坚固的砖墙以抵御外来侵犯。村落里建筑的高度从两层到五层不等，有的作为村民的住宅，有的作为公共活动场所，还有些是宗教建筑。目前已经出土的600多间悬崖住宅，大多从底层开始逐层向上收缩，环绕着中心庭院，形成较为密闭的建筑形态，而且这些楼房底层都不开侧门，用来贮藏粮食和器具，上层的房间则大多是相通的。

悬崖宫最重要的组成部分，是一座名为"马克之家"的建筑物，它也是这里规模最大的建筑物。"马克之家"沿着崖壁建造，布局十分紧凑，前方修建了一个用来制陶、晾晒谷物、打谷的露天地坪，顶端是一个大型的村庄，有200多间住房，可以居住1000人左右，还设有储藏室和会堂等建筑，这些建筑的墙壁上都有漂亮的几何图案装饰。

在"马克之家"附近，有两座著名的木楼，因为楼旁种植着高大的云杉树，人们将它们命名为"云杉之家"。"云杉之家"是三层建筑，全长203

米，宽 84 米，总共有 114 间样式不一的住房，地下还开挖了 8 间地穴，作为供人们举行祭祀仪式的祭祀堂。

收藏着 400 多只彩陶器皿的"陶杯屋"坐落在"云杉之家"北面，这是普韦布洛人的祭器储藏室。他们别出心裁地将楼顶房屋建在向外伸出的底楼栋梁上的"阳台之家"，由 25 个房间构成，考古学家曾在这座楼房下面的地穴里发掘出人体骨骼和陶器。

寻找那段遗失的历史

从一些资料中我们知道，在公元前 8000 年左右，普韦布洛人的祖先就"登陆"了北美洲。以打猎为生的他们不断向南迁徙，以寻找更多的猎物。公元前 100 年，他们决定在科罗拉多州的平原地带定居，并在 1100 年左右离开四代居住的平原，迁徙到渺无人烟的梅萨峡谷。起初，他们在悬崖下修建了一些窑洞式的的房屋，后来又修建了楼房作为住宅，将窑洞改为宗教场所。就这样，他们不断修葺自己的聚居地，形成了独具特色的防御系统和生产生活体系。

至于这些普韦布洛印第安人为什么会在 1300 年前后，离弃这片已经建设得十分完善的城堡，

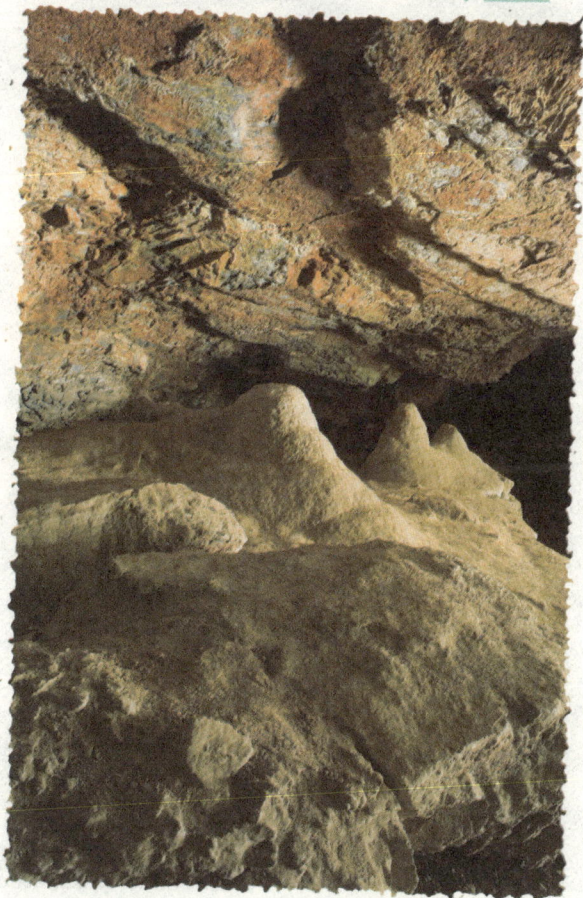
❖ 悬崖宫

聚居在悬崖宫的印第安人村落，仍旧处于母系社会时期，女性掌管着祭祀、家政、制陶工艺等生产生活大权，男性则负责耕作。悬崖宫中还出土了农产品、手工作品、陶器，以及商贸兴起的遗迹，农业、手工业兴盛的痕迹等，这些都是北美文化在哥伦布到达新大陆前已经发展到相当高水平的证明。

考古学家们指出，最大的原因是当时出现了接连不断的干旱气候。此后，他们的后裔霍皮人、祖尼人、凯雷斯人、蒂维人、特瓦族人等散居到北美各地，像他们充满智慧的祖先一样，将"生活"作为最可信奉的宗教，并创造着更为精彩的生活。

❖ 悬崖宫

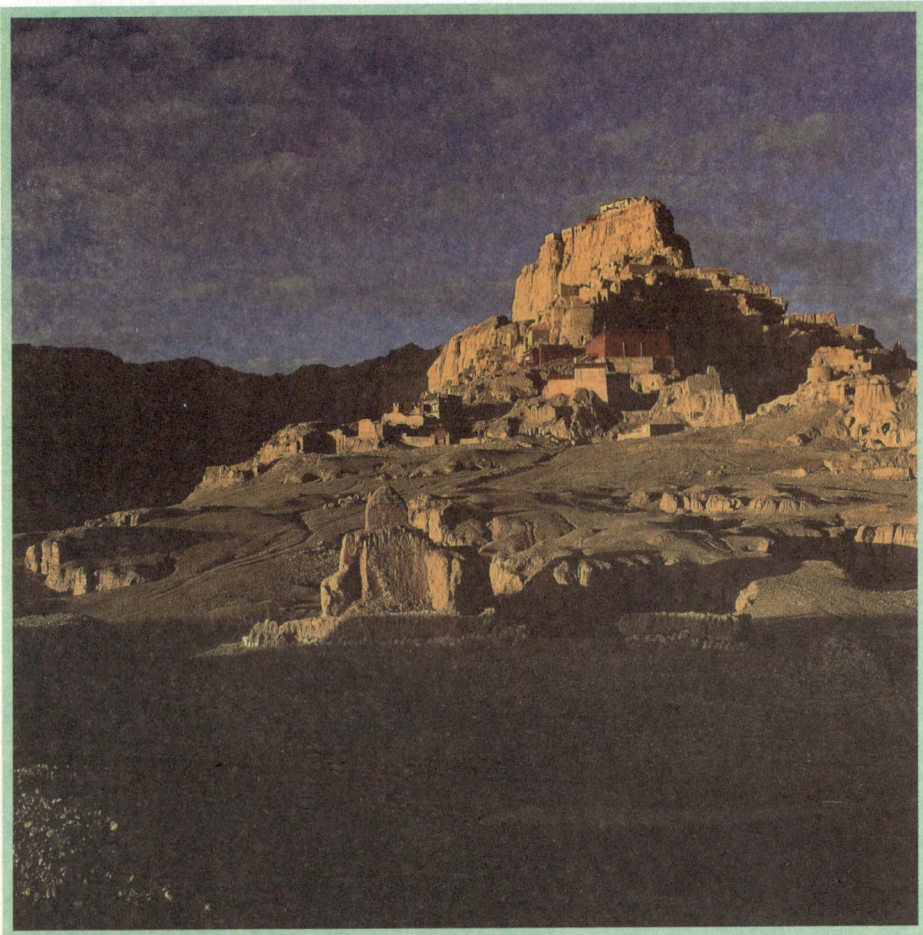

第五章
迷人的现代文明

经过几千年的探索和创新，人类迎来了现代科学的大发展，由此进入高度发达的现代文明社会，创造了许多史无前例的惊人杰作，使人类的生活发生了天翻地覆的变化。

今天的文明是在古代各文明基础上发展起来的，是古文明的积淀，也是古往今来各民族智慧的结晶，许多古代优秀文明，今天看来仍然有着较高的科学价值和借鉴意义。

Part.05 第五章

风车之国——荷兰北海保护工程

> 提起荷兰，许多人就会想到美丽的郁金香和童话般的风车。但是你知道吗？荷兰人还有一个著名的壮举——围海造田。

荷兰的国土状况

荷兰是北欧的一个小国家，国土面积仅有 4 万多平方千米。荷兰的名字又叫尼德兰，意思是"洼地"，这个国家的地势东南高，西北低，全国国土近三分之一位于海平面以下，最高的国土海拔仅有 100 多米。由于荷兰西面和北面都濒临北海，加上欧洲的第一大河莱茵河又横贯整个国家境内注入北海，所以荷兰的领土时时遭受海水的侵袭。自古以来，荷兰人就吃尽了水淹之苦。从 13 世纪至今，荷兰被北海侵吞的国土达 5600 多平方千米。

如果任海水泛滥，不但国土面积大面积减少，荷兰人的生存环境也会受到严重威胁。而且，由于近代气候逐年变暖，海平面上升，更大大加剧了荷兰人的生存危机。

❖ 荷兰风车

荷兰人与海洋的斗争史

为了保护他们生存的家园，几百年来，荷兰人一直在和海洋进行着斗争。他们修建

了各种大大小小的海堤和河堤来阻挡海水的蔓延。但是在1282年的一场大水灾中，海水冲垮了荷兰人建造的海堤，侵入内湖伏列沃湖，导致北海和内湖伏列沃湖连成了一片，形成须德海。这场灾难侵吞了荷兰不少的土地，之后，荷兰人一直想倾尽全力建造一条巨型大坝，以阻挡海水侵袭的步伐。

直到1927年，近代建筑业的发展才使建造

❖ 荷兰风车

这样一条大坝成为现实，须德海拦海堤坝开始动工。经过5年的全民奋战，一条被称为世界第一长堤的拦海大堤建成了。这座堤坝全长30千米，宽90米，高出海平面7米多，堤坝上建有两座水闸。荷兰人把被大坝围在里面的须德海填平，在上面围垦造田。大坝不但挡住了汹涌的海水，还使荷兰人在大坝建成之后的36年里，填海造田达到1600平方千米。

可惜的是，这条大坝并没有使荷兰人永远高枕无忧。1953年1月，一场罕见的风暴袭击了荷兰，巨大的海潮冲毁了大坝，扑向荷兰境内。大水造成20多万公顷土地被淹，1835人死亡，20多万头牲畜被潮水席卷淹死，7万多人被疏散，许多人无家可归，荷兰也因此遭受了前所未有的蹂躏和损失。

围海壮举

这次大洪水使荷兰人认识到他们原先的防洪体系的不完善，他们开始酝酿一个更大、更先进的防洪工程。1956年，"世界七大工程奇迹"之一——三角洲工程开始动工，经过30年的建设，工程正式竣工。三角洲工程充分运用了现代科学技术，注重对生态的保护。在工程开工的第14年，荷兰人发现在新建的堤坝后面，由于海水被隔绝，堤坝内部的海洋生物全部死亡，其他生物物种也相继灭绝。荷兰人向来靠海洋吃饭，这给以海洋渔业为主要经济

　　荷兰的三角洲工程技术复杂，施工难度很大，有人甚至将它和美国的"登月工程"相提并论。这一工程也被人们称作是"世界第八大奇迹"，它充分展示了人类和恶劣自然做斗争的智慧和勇气，也充分说明了顺应自然规律，注重生态平衡，保护生存环境在人类征服和改造自然的过程中的重要性。

收入的荷兰带来了巨大的经济损失。保护生态的问题被提了出来，于是荷兰人在建造过程中改变了原先的设计。他们独创一种新的方案：建造一条活动的屏障，在大坝的每个内海、河流的出海口建造一个闸门。

　　于是，在整个三角洲工程中，荷兰人做出了一个举世罕见的大胆创举：为了同时满足截挡从北海来的风暴潮和保证鹿特丹港的船只顺利通航两方面的需要，他们打造了两个巨型的浮动闸门。在正常情况下，打开来以供船舶通行，这时海水和内陆的水可以自由进出流动，生物也能自由游动；当洪水来袭时，就立刻将这两个空心闸门旋转到位，关闭整条水道，以阻挡洪水进入境内。这不仅解决了北海保护工程最不同寻常的工程难题，而且成为荷兰新式巨型建筑的代表。

　　整个荷兰北海道保护工程被誉为"世界七大工程奇迹之一"，这个面积狭小的"风车之国"，用民众的不朽的智慧，集中力量，向整个工程界奉献了这一伟大的奇迹。

❖ 荷兰风车

Part.05 第五章

摩天大楼——帝国大厦

美国是世界公认的"帝国"，"世界七大工程奇迹之一"的帝国大厦，就耸立在这个国力雄厚、高度发达的"帝国"里。

一睹帝国大厦的风采

众所周知，美国最大的城市纽约是世界的金融中心，素有"世界之都"的美誉，纽约的一举一动无不影响着整个世界的风向变化。作为和自由女神像并称的纽约的标志——帝国大厦，更是蜚声天下，好莱坞的电影也早已把它的雄姿展示给了世人。

到美国旅游的人们，总会找机会去纽约一瞻帝国大厦的风采。这座摩天大楼是纽约著名的旅游景点之一，它坐落在纽约曼哈顿第五大道 359 号，占地 26 600 平方米，楼高 381 米，共有 102 层，从离它数十千米外就可以看到它挺拔壮观的身体。大厦在 86 楼和 102 楼都设有露天的瞭望台，这里是欣赏纽约市景最好的地方：如果在晴天时从台上向远处眺望，可以看到 100 千米远处的情景。在帝国大厦的顶部，放置着能够

◆ 摩天大楼

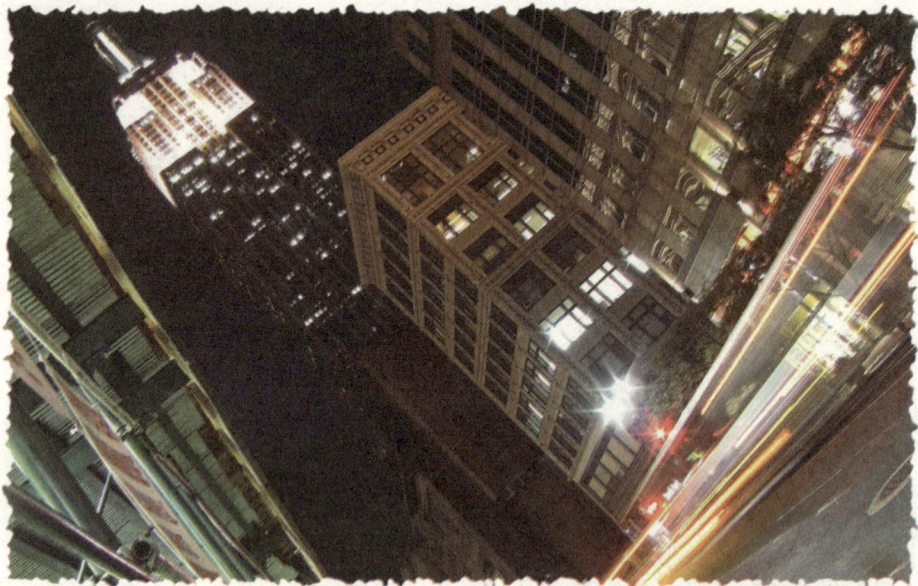

随重大事件的发生而改变颜色的泛光灯，在九一一事件发生后的三个月，它的灯光颜色就变成了蓝色，以示哀悼。世界上许多重要人士都参观过帝国大厦，其中最著名的有英国前首相丘吉尔、英国伊丽莎白二世女王、苏联已故总书记赫鲁晓夫、古巴前国务委员会主席菲德尔·卡斯特罗等。

帝国大厦名字原意是"纽约州大厦"，但是纽约州的别称又叫帝国州，所以它常常被人称为帝国大厦，如今这个名字已被广泛使用。当然，对于"身处"强大"帝国"中的这座摩天大楼来说，这个名字也非常恰当。

帝国大厦的建造由来十分有趣。19世纪20年代，西方爆发了严重的经济危机。美国的富翁们一方面为了显示自己的财富，一方面也为了向世界显示美国世界新金融中心的地位，振奋整个世界对美国经济的信心，就互相炫富，比赛般地造高层建筑。最后，大富翁拉斯科布决定建造一座世界第一高楼——帝国大厦。

1930年，帝国大厦在纽约开始建造，在高度发达的科学技术等因素的大力支持下，这一摩天大楼只用了410天就建成了。这座当时的世界第一高楼面世后，很快就成为美国经济复苏的象征和纽约的标志性建筑。直到1971年，纽约世贸中心建成，它才从世界建筑第一高的宝座上退下，屈居世界第二高楼。九一一事件后，世贸中心垮塌，帝国大厦重新成为纽约最高的建筑，直到自由塔的建成。

帝国大厦的世界之最

帝国大厦主要由花岗岩、印第安纳沙石和钢铁、铝材等建成，它使用的材料是最轻的，却非常坚固。帝国大厦创造了许多世界之最：总工作量超过 700 万工时；每天参加建造施工的人员高达 4000 人；创造建筑史上每周修建成四层半楼的记录；1600 千米长的电话电缆；有 6500 扇窗户，1860 级台阶；73 部电梯，电梯的速度达到每分钟 427 米。这种庞大的大厦，当时的造价就达到 4100 万美元，之后的维修费用更是累计超过 6700 万美元。

如今的帝国大厦已成为纽约乃至全美的商贸中心，是一座现代化的办公大楼。它不但是纽约的象征，也成为美国的地标，吸引着成千上万的人前去旅游观光。

知识小链接

20 世纪 50 年代，人们给帝国大厦安装上了天线，使它的总高度达到了 443.5 米。这些年，随着世界各地的高楼的建立，更多建筑的高度超过了帝国大厦，如今帝国大厦的高度为全美第三，位于世界第 14 位。但是在人们的心中，帝国大厦仍然是美国乃至全世界的第一高大、壮观的建筑。

Part.05 第五章

闻名遐迩——金门大桥

桥在我们生活中处处可见，它不仅为人们的出行带来方便，也是一门建筑艺术，搭建起通往历史、艺术领域的桥梁。

桥家族的特殊成员——悬索桥

在形态各异的桥中，最神奇的莫过于悬索桥了。普通的大桥都需要用桥墩来支撑起桥体，但是在水流湍急、水面过宽或者水下地形复杂的地方，建造桥墩显然是困难或者不可能的事。为了解决这个问题，人们设计了不需要桥墩的特殊桥梁——悬索桥。悬索桥主要受力物体是桥两端的两根塔架，塔架上的悬索拉住桥面。为了保障悬索桥的稳定性，两根塔架外的另一面也有悬索，这些悬索连接到桥两端，埋在

◆ 金门大桥

地里的锚锭中，以保障塔架本身的稳固。用这种方法修建的桥也因此得名为悬索桥，我们平时称为"吊桥"。

在世界的十大名桥中，大多是建在海洋上的悬索

❖ 金门大桥

桥，其中一座最早采用悬索技术建成的著名大桥，是美国的金门大桥。

金门大桥的诞生

1579 年，英国探险家 Francis Drake 发现了一个位于加利福尼亚和旧金山之间的海峡，就是现在人们熟知的金门海峡。由于淘金潮的兴起，人们早就想在这个海峡上建造一座大桥。但是由于技术条件的限制，直到 1933 年 1 月才正式开始修建我们今天见到的这座金门大桥。这座桥由著名的桥梁工程师约瑟夫·斯特劳斯担任主要设计师，并由桥梁设计师里昂·莫伊塞弗为其提供必要的协助，大桥的艺术造型和颜色设计师为艾尔文·莫罗，进行数学推算的是工程师查尔斯·埃里斯等。这些建筑师、工程师、设计师集思广益，共同规划了这座大桥的建造方案。为了取得大桥的建设经费，斯特劳斯在大桥开工之前花了十多年的时间劝说北加州和旧金山地区的居民，向他们宣传建造这座大桥的好处，以说服他们参加投资。最后参加建设的居民们用自己的不动产做抵押，筹集了 3500 万美元的工程款，大桥才得以顺利开工。

整个大桥的修建工程历时 4 年，1937 年 5 月 27 日，大桥开始对行人开放。第二天，美国总统罗斯福在华盛顿亲自按下电钮，宣布金门大桥正式对汽车开放。

金门大桥的雄姿

　　这座南北横跨加州和旧金山的大桥全长达 2737 米，桥面宽 27.4 米，有 6 条车行道和两条人行道。大桥的北端连接着北加利福尼亚，南端连接着旧金山半岛。当船只驶进旧金山海域，乘客从甲板上举目远望，首先映入眼帘的就是大桥两侧耸立着的两座巨型钢塔，塔的总高度为 342 米，高出水面 227 米，相当于一座 70 层的高楼。两座钢塔之间的大桥跨度达 1280 米，为世界所建大桥中罕见的单孔长跨距大吊桥之一。塔的顶端用两根直径各为 92.7 厘米，重 2.45 万吨，由 27 000 根钢丝绞成的钢缆相连，钢缆的两端固定在埋于岸上的岩石里的锚上。整个桥面被钢缆托在半空中，看起来宏伟壮观，气势非凡。设计者考虑到加州多浓雾，为了醒目，就把桥身设计成朱红色，这使金门大桥在碧海银浪之上，犹如巨龙腾空，给加州和旧金山增添了无限的神秘魅力。

　　金门大桥最大的不足之处就是由于雨水较多，钢塔生锈严重，人们不得不常常对它进行粉刷。

❖ 金门大桥

"自杀圣地"

金门大桥还有一个响亮的名字——"自杀圣地",这也是它闻名遐迩的重要原因之一。至于人们为什么会选择这里作为生命的终结点,目前也没有一个确切的解释。也许是大桥的雄伟壮观让桥上的行人产生了幻觉,也许是那些想自杀的人要让生命在这座美丽的大桥上结束。自大桥建成以来,已经有来自世界各地的1200多人从桥上跳下,结束了生命。当地政府为此想了许多方法,也阻止不了这种行为。2008年,桥梁管理部门通过一项计划,准备在大桥上安装不锈钢网来阻止自杀行为。这项造价为400多万美元的工程能否阻挡住那些厌世者结束生命的脚步,现在还不得而知,因为这项工程尚且处在进一步审查中。

> **知识小链接**
>
> 金门大桥现在虽然不是世界上最长的悬索桥,但是它的建造对于桥梁建筑史来说具有划时代的的意义。它的建筑技术后来被世人反复借鉴,在它建成后的几十年里,一座座悬索桥越江跨海,把天堑变为通途,给人类的生活带来极大的方便,加强了各地区之间的联系,有力地促进了经济的发展。

◆ 金门大桥

巴黎的骄傲——埃菲尔铁塔

法国首都巴黎是一个充满文艺气息的浪漫之都，它有一张全世界都能将它辨认出来的"名片"——独一无二的埃菲尔铁塔。

观赏巴黎最好的取景点

到巴黎旅游，在哪儿能最方便地欣赏到巴黎的美景？肯定是登上埃菲尔铁塔。

在法国巴黎的战神广场，有一座镂空钢架结构塔。这座铁塔高 324 米，重 1.07 万吨，占地 1.6 万平方米。从塔的水泥台基底座里伸出四条粗大的与

◆ 埃菲尔铁塔

地面成 75 度角的铁柱，支撑着整座高塔。整座塔从下到上分别在 57 米处设有会议厅、电影厅、餐厅、商店和邮局等各种服务设施；115 米处的平台可以看到巴黎最佳的景色；在 274 米的高处设有观景台，从这里可以眺望整个巴黎美景；在 300 米高的平台上设立了气象站；塔的顶部架有天线，是巴黎电视中心。从地面到塔顶装有电梯，如果要步行走到塔顶，要爬 1671 级阶梯——这就是埃菲尔铁塔。

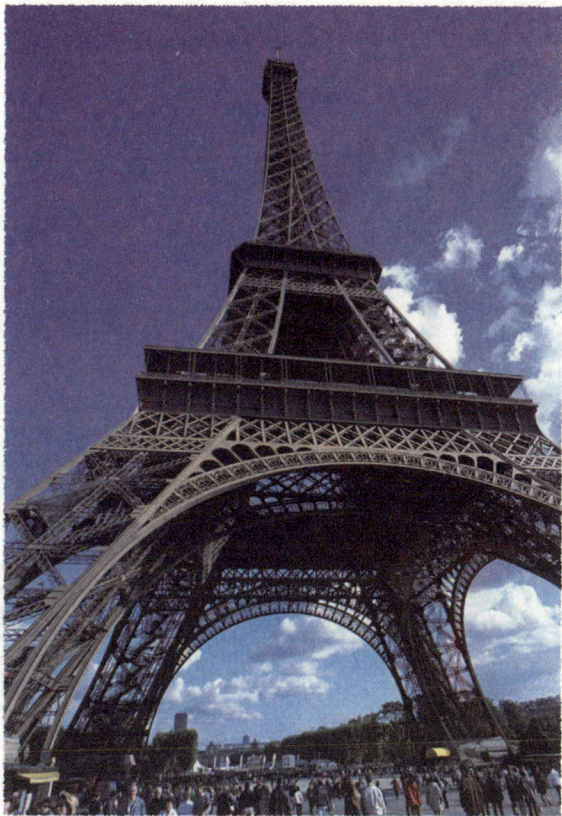
❖ 埃菲尔铁塔

埃菲尔铁塔的整个底部为四个半圆的弯拱形，交错式的钢架结构繁复中蕴含着节奏感，使整座铁塔的造型既稳定又美观。到了中间部分，整座铁架突然收缩，形成一种挺拔的姿态直刺蓝天。

埃菲尔铁塔的诞生

从 18 世纪英国工业革命开始，人类开始进入新的铁器时代。到了 19 世纪，火车铁路的诞生，使人类完全进入以钢铁为主的工业新世纪，人们的许多设计理念都发生了变化。为了迎接 1889 年在巴黎举行的工业博览会，法国人希望创造出一件能象征 19 世纪技术成果的作品用来参加展出，从而让世人对法国留下一个深刻的印象。1886 年，政府开始征集设计方案，在 700 多个参赛方案中，桥梁工程师居斯塔夫·埃菲尔设计的铁塔被选中。这座铁塔设计为当时世界上最高的建筑物，比埃及金字塔还高出一倍，后来就以居斯塔夫的姓埃菲尔命名。

1887 年 1 月 28 日，埃菲尔铁塔正式动工建造，一支 250 人组成的工程队持续不断地工作，终于在 26 个月后，于 1889 年 4 月 25 日完成了这项伟大的工程。铁塔共用了 1.8 万多个部件，

❖ 埃菲尔铁塔

250 万颗铆钉。这样一个繁杂庞大的工程，能在这么短的时间内完成，跟居斯塔夫精密的设计方案和出色的完成计划的能力有密不可分的关系。对于当年参加世博会的 2500 万游客而言，埃菲尔铁塔简直就是一个了不起的世界奇迹，一个新的审美观念的产物。直到 1930 年，埃菲尔铁塔还是世界上最高的建筑物。

埃菲尔铁塔的神奇之处还在于它不仅仅是一个城市广场上的装饰品，居斯塔夫在当初设计这座铁塔时，就考虑到了它的实用性。他要把这座塔建成一座"有用的"的塔，他在铁塔的顶部装上气象仪器，使之具备了气象站的功能；而且，后来法国的第一个无线电台和电视台也是在这里进行发射和转播的。

铁塔引起的争议

令万千世人着迷的埃菲尔铁塔在"出生"时，并不像世界上其他的著名建筑物那样受到人们的欢迎。建造铁塔的计划刚刚公布，就遭到文化界人士的抗议，他们认为毫无美感的钢铁建筑会破坏巴黎的美。直到铁塔建成后，还遭到许多上流社会的文雅之士的反对。著名的诗人保罗·维莱那在第一次看见铁塔的时候，马上让车夫掉转车头，说铁塔的丑陋会影响他的诗歌创作灵感；我们熟悉的作家莫泊桑更用一种特殊有趣的方法表达对铁塔的厌恶：他常常到铁塔平台上的餐厅吃饭，他说，只有在这里，才看不到这个讨厌的庞然大物。

埃菲尔铁塔在当时引起争议并不稀奇，它"出生"于社会由传统转向现代的时期。在此之前，建筑大多是木石结构，形式为古典主义的穹隆顶模式。而埃菲尔铁塔用钢铁为建筑材料，采用直线的造型，象征着工业时代的到来和人们对自然的控制力量。

❖ 埃菲尔铁塔

埃菲尔铁塔的现状

埃菲尔铁塔从建成以来，以其独特的魅力每年吸引着来自世界各地的大约 300 万名游客，无数的人们为它的雄姿折服、惊叹。1964 年，这座颇有争议的铁塔受到了法律的保护：法国把它作为现代巴黎的象征，列为不得拆毁的历史纪念碑。

20 世纪后期，考虑到铁塔的牢固性，人们在不影响铁塔美观的前提下，拆除了 1000 多吨多余的钢梁；每隔几年，人们就会对铁塔油漆一次，每次耗费油漆达 52 吨；在庆祝建塔 100 周年时，人们对铁塔内的设施进行了全面的调整。埃菲尔塑像的全身照片被放置在第二层的平台上，对于居斯塔夫·埃菲尔来说，这是他永远的辉煌和荣耀。

❖ 埃菲尔铁塔

Part.05 第五章

自由的指引者——自由女神像

提到美国，每个人脑海中最先浮现的、最能代表美国形象的东西，一定是自由女神像。自由女神像，已经成为美国的象征。

自由女神像的由来

1776 年 7 月 4 日，美国发表《独立宣言》，历史上把这一天称作美国独立日。在美国反抗英国的独立战争中，法国从各个方面给予了美国最大的支持，此后两国人民结成了深厚的友谊。

为了庆祝美国独立 100 周年，纪念两国人民的友谊，法国政府决定送给美国人民一件有纪念意义的礼物。礼物最终选定为法国一位著名的雕塑家的作品：一座象征着自由的塑像。这座塑像是弗雷德里克·奥古斯特·巴尔托迪从 1865 年就开始计划，在 1869 年设计完成的。之后，巴尔托迪便开始着手雕塑。后来的几年，他去美国旅行，把自己的作品信息透露给美国人，但是没有引起美国人的兴趣。巴尔托迪决定让作品本身来"说话"，于是，他去费城参加庆祝独

❖ 自由女神像

立 100 周年的博览会时，特意带去了自由女神像擎着火炬的右手。这只长达 2.44 米、直径 1 米多、指甲 25 厘米厚的手，刚一展出就引起了轰动，成为美国人争相欣赏的艺术珍品。美国总统立刻提出接受自由女神像的请求，很快被美国国会批准。同年，由法国人民捐款，买下了自由女神像送给美国。

无处不自由的女神像

美国人在收到这份大礼后，集资修筑了高达 46.9 米的宏伟基座来安放自由女神像，地点选在纽约港口的自由岛上。1886 年 10 月 28 日落成并揭幕，33.8 米高的雕像加上基座上 12.3 米高的平台，使雕像总高度达到 83 米。她高高地耸立在纽约的港口，欢迎着世界各地所有热爱自由的人们的到来。

❖ 自由女神像

这是一座新古典主义的巨型雕像。自由女神身披古希腊风格的长袍，戴着有七道光芒的头冠，象征着全世界七大洲和四大洋；女神右手高举着象征自由的火炬，左手捧着一本封面上刻着"1776 年 7 月 4 日"的书，象征着《独立宣言》；神像的脚下有打碎了的锁链，象征人类挣脱暴政、追求自由的决心和勇气；整座雕像的外衣都是用纯铜片制成的，这些铜片镶

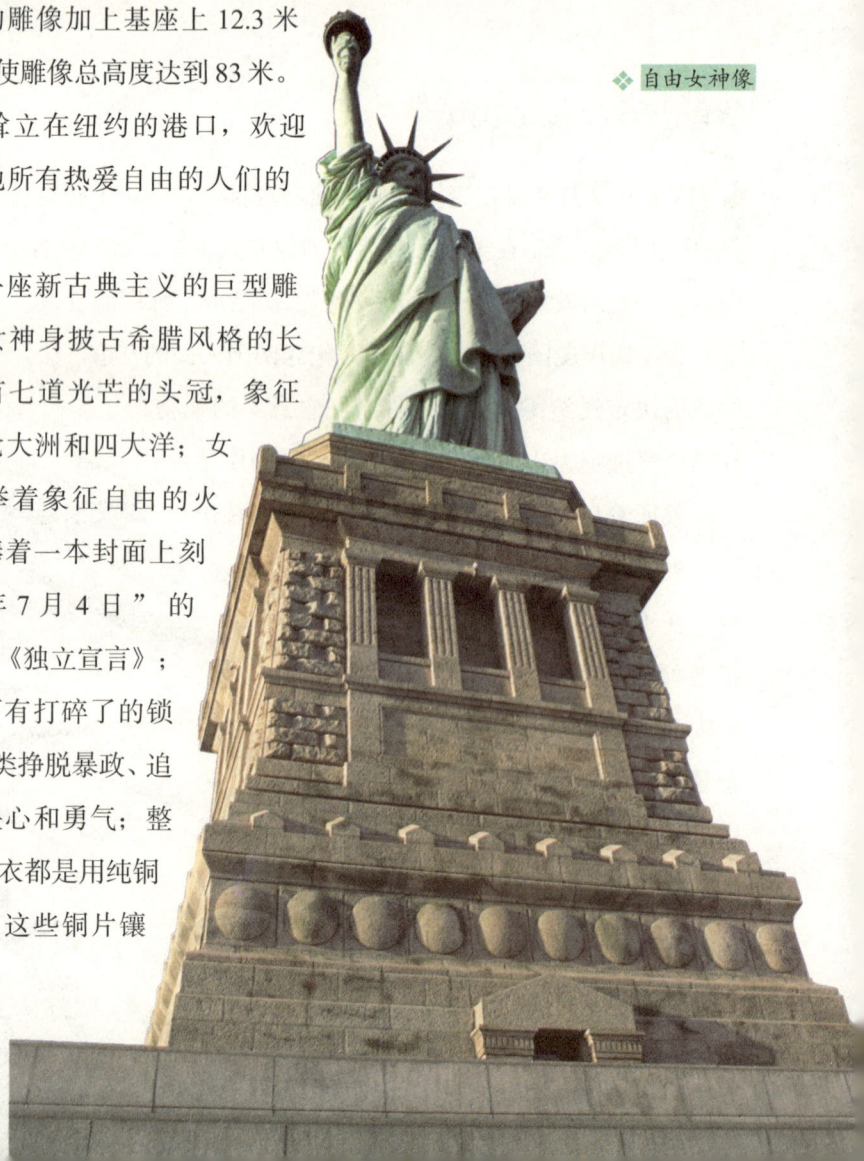

巴尔托迪设计自由女神像还有一个有趣的小故事：他刚刚开始构思自由女神像的时候，心中还没有一个固定的模特儿形象。一次，他无意中邂逅了一位姑娘，姑娘仪态万方的神态非常符他心目中自由女神的形象，他便邀请姑娘做他的模特儿。最终，女神的形象被成功塑造出来，姑娘也成了他的妻子。

在钢架上。钢架由四根大柱支撑着，它的骨架设计师是巴黎埃菲尔铁塔的设计者埃菲尔。

现在，自由女神像不仅仅是美国的象征，更是全人类为自由而斗争的崇高理想的象征。

❖ 自由女神像

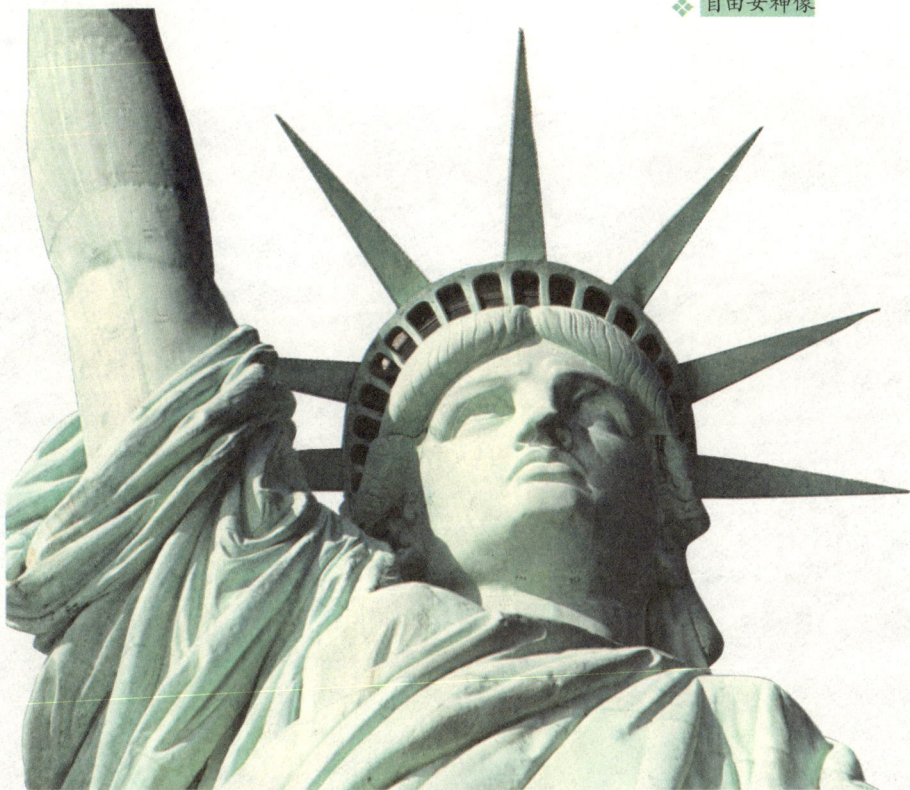

世界第一桥——濑户大桥

桥一般都修建在河上，跨越海洋的很少。在世界著名的大桥中，日本的濑户跨海大桥绝对称得上是世界桥梁史上的奇迹。

日本是一个岛国，由本州岛为中心的四个大岛和附近的许多小岛组成。对于海岛国家来说，岛和岛之间的交通非常不便。为了方便交通，促进经济的发展，日本先后修建了本州岛和九州岛之间的"下关—门司"海底隧道、本州岛和北海道岛之间的"青森—函馆"海底隧道。

❖ 濑户大桥

濑户大桥的建造

美丽的的濑户内海在本州岛和四国岛之间，濑户内海虽然风光秀丽，但是也阻碍了两岛之间的交通。1955 年，濑户内海发生了一起轮渡翻沉的重大事故，事故造成了 160 多人死亡的严重后果，这次事件促使日本政府决定在濑户内海上修建一座大桥。

由于濑户内海水面宽阔，水下地质构造非常复杂，日本又是台风常常光顾之地，种种不利因素，都给大桥的设计和施工带来了许多难题。工程人员在精心的设计和建造过程中，采用了"海底穿孔爆破法""大口径掘削法"和"灌浆混凝土"等各种现代建筑技术，克服了许多难以想象的困难。经过近 10 年的建造，1988 年 4 月 10 日，这座耗资 11 000 多亿日元的跨海大桥全面通车。大桥可抵抗里氏 8.5 级大地震和每秒 60 米的大风。

❖ 濑户大桥

大桥的构造

瀬户大桥堪称世界桥梁史上空前的杰作。大桥总长为 37 千米，跨海长度为 9.4 千米，由两座斜拉桥、三座吊桥和一座桁架桥组成，是目前世界上最大的跨海大桥。该桥上层为 4 车道的高速公路，设计时速为 100 千米；下层为双线铁路，设计时速为 160 千米。它北起本州岛的冈山县，南至四国岛的香山县，横跨两地只需 40 分钟。大桥在海中穿过 5 座小岛，形成了 6 座紧密相连的大桥：下津井瀬户大桥、柜石岛桥、岩黑岛桥、与岛桥、北备赞瀬户大桥、南备赞瀬户大桥，这 6 座桥构成了一个壮观的桥梁群。

其中，下津井瀬户大桥位于"中儿岛—坂出"线上，是一座悬索桥。桥全长 1447 米，宽 30 米，钢索间距 35 米，用来悬挂桥体的左塔高 146.08 米，右塔高 148.91 米。柜石岛大桥"隶属"于瀬户内海大桥中，全长 792 米，是一座斜拉桥。岩黑岛大桥是连接岩黑岛和羽佐岛的斜拉桥，全长 792 米。全长 877 米的与岛桥位于"羽佐岛—香川县坂出"市线，全长 717 米，是一座桁架桥。北备赞瀬户大桥位于"与岛—

❖ 瀬户大桥近景

香川县坂出"市线，全长 1161 米，主跨 990 米，桥宽 30 米，是一座悬索桥。南备赞濑户大桥位于"三子岛—香川县坂出"市线，全长 1723 米，主跨 1100 米，桥宽 30 米，是一座两侧塔高 109.4 米的悬索桥，加劲桁梁高 13 米，位列世界名桥第 9 名。

大桥的风光

濑户大桥群中的各个大桥造型优美，集中了现代桥梁建造技术的所有精华。大桥犹如一条银白色的钢铁巨龙，在群山环抱中弯弯曲曲、浩浩荡荡地跨海越洋。六座银色的大桥串起碧波荡漾的海中的五座小岛，就像一条银线串起五颗璀璨的绿宝石，使濑户内海的景色更加迷人。尤其是在傍晚，夕阳辉映下的大桥呈现出美丽的轮廓；到了夜晚，大桥则被灯光装饰得华美无比。大桥的建成，不仅方便了两岸的交通，也为濑户水域增添了一处人造景观，

❖ 濑户大桥

吸引着许多世界各地的游客前来参观。

如果想要一览大桥的全貌，儿岛半岛西南端的鹫羽山是最佳地点，另外人们还可以在观光船上从海上眺望大桥风姿。不同的地点和不同的观赏角度，大桥都给人不同的震撼感觉。

知识小链接

濑户大桥不仅长度是世界第一，其中的下津井濑户大桥长达 1100 米，也是世界悬索桥第一长。大桥犹如一件完美的艺术品，充分展示了人类的智慧和现代发达的桥梁建造技术，实现了日本以九州岛为中心，四岛一体的发展模式，在方便人们交通出行的同时，极大地促进了经济发展。

关于大桥的纪念

为了让世界游客全面了解大桥的全貌，日本政府在四国的香山县建立了濑户大桥纪念馆，展出关于大桥的许多照片、图表、模型和实物，以便人们近距离欣赏这座"世界第一桥"的真面目。馆内还设有可动模型和详细介绍濑户大桥工程施工全貌的影像资料。纪念馆还开辟有中国展厅，展出了香山县人士与中国友好交往的图片和实物，如展厅里陈列着的《怀素自叙帖真迹》影印本，是出生在香山县的日本政治家大平正芳访华时，毛泽东主席送给他的纪念物。

在濑户大桥最高点处还建有濑户大桥纪念公园，里面的喷泉都设计成吊桥和斜长桥形状；园里还设有各种运动设施，吸引许多游客前来参与；园内还展示了雕刻家流政之的许多作品，以供游人欣赏。

❖ 濑户大桥

Part.05 第五章

秦始皇陵——兵马俑

秦始皇陵位于今陕西省临潼县城东 5 千米处。据史书记载，秦始皇即位后便开始在骊山营建陵墓。

统一中国之后，建陵工程更加扩大，征调劳力达 70 余万人，前后延续 30 年，至秦亡国尚未完全竣工。

1974—1977 年在秦始皇陵东 1000 米处，发掘出作为秦始皇陵陪葬墓坑之一的兵马俑坑。秦始皇兵马俑是秦始皇陵随葬用的大型陶塑作品。兵马俑坑主要有三个。一号坑在南，东西长 216 米，宽 62 米，面积 13 260 平方米。二号坑东西长 124 米，宽 98 米，面积为 6000 平方米。三号坑面积 520 平方米。已发掘部分，共出土武士俑 800 件，木质战车 18 辆，陶马 100 多匹。按兵马俑现有排列形式推算，这三个坑的武士俑可能有 7000 件，战车 100 辆，战马 100 匹。由模拟的军阵，可以想见 2000 多年前横扫六国、统一全国、所向披靡的秦国军队的威武强大。

秦始皇陵的兵马俑有以下几种：

高级军吏俑，俗称将军俑，在秦俑坑中数量极少，出土不足 10 件，分为战袍将军俑和铠甲将军俑两类，其共同特点是头

❖ 秦始皇陵——兵马俑

戴鹖冠，身材高大魁梧，气质出众超群，具有大将风度。

车士俑。车士，即战车上除驭手（驾车者）之外的士兵。一般战车上有两名车士，分别为车左俑和车右俑。车左俑身穿长襦，外披铠甲，胫着护腿，头戴中帻，左手持矛、戈、戟等长兵器，右手做按车状。车右俑的装束与车左俑相同，而姿势相反。他们都是战车作战主力。

知识小链接

　　1975 年，国家决定在俑坑原址上建立博物馆。1979 年 10 月 1 日，秦始皇兵马俑博物馆开始向国内外参观者展出。2009 年 6 月 13 日，秦始皇陵兵马俑一号坑再次开掘，之后在一号坑北部中段，又出土了釉彩兵马俑。

立射俑在秦俑中是一个较为特殊的兵种，出土于二号坑东部，所持武器为弓弩，与跪射俑一起组成弩兵军阵。

跪射俑与立射俑一样，出土于二号坑东部，所持武器为弓弩，与立射俑一起组成弩兵军阵。

武士俑即普通士兵，作为军阵主体，在秦俑坑 中出土数量最多，可依着装有异分为两类，即战袍武士和铠甲武士。

此外还有军吏俑、骑兵俑、驭手俑等。陶俑身材高大，一般在 1.8 米左右，形态各异，表情逼真，面部形态无一雷同，栩栩如生，体现了秦代高超的雕塑技艺水平。